广东国际战略研究院智库丛书

The US Economic and Trade Policies toward China in 2011: Policy-making and Analysis

2011年美国对华经贸政策：决策基础与政策分析

◎广东国际战略研究院美国研究中心

中国出版集团
世界图书出版公司

图书在版编目（CIP）数据

2011年美国对华经贸政策：决策基础与政策分析/广东国家战略研究院美国研究中心编著. —广州：世界图书出版广东有限公司，2012.7

ISBN 978-7-5100-4982-8

Ⅰ. ①2… Ⅱ. ①广… Ⅲ. ①对华政策—贸易政策—研究—美国—2011 Ⅳ. ①F757.128.2

中国版本图书馆CIP数据核字（2012）第155342号

2011年美国对华经贸政策：决策基础与政策分析

策划编辑：刘正武
责任编辑：程　静　张东文
出版发行：世界图书出版广东有限公司
（广州市新港西路大江冲25号　邮编：510300）
电　　话：020-84451969　84459539
http：//www.gdst.com.cn　E-mail：pub@gdst.com.cn
经　　销：各地新华书店
印　　刷：广东省农垦总局印刷厂
版　　次：2012年8月第1版　2012年8月第1次印刷
开　　本：880mm×1230mm　1/32
字　　数：150千
印　　张：6.125
ISBN 978-7-5100-4982-8/D·0047
定　　价：30.00元

咨询、投稿：020-84460251　gzlzw@126.com

前　言

进入21世纪以来，中美经贸关系相互依存之势逐渐增强，两国间的经贸议题也逐渐增多，由传统的贸易摩擦发展到汇率之争、债务议题、政府采购，再发展到国际经济责任。可以说，中美之间的经贸议题已经由双边层面发展到了全球层面。中美经贸关系不仅已经成为影响两国关系的重要因素，甚至具有全球意义。本书将探讨美国对华经贸政策的决策环境与主要议题，希望以此理解中美经贸关系的影响因素。

美国霸权所面临的环境影响了美国的对华经贸政策。人类进入21世纪以来，国际体系的变化已经初现。尽管美国仍然在支撑其冷战结束以来的霸权地位，但是支撑霸权的经济基础在减弱。在21世纪，美国遭遇了恐怖主义打击，而且海外征战不断，军费开支节节攀升。另外，2008年美国金融危机以来，美国经济复苏一直缓慢。由此可见，美国霸权的军事成本在增加，经济基础在减弱，这就是当前美国霸权自身存在的困境。

美国社会也有多重保护主义的声音影响中美经贸关系。美国思想库、利益集团、公众舆论和美国国会在对华经贸关系中关注的议题非常广泛，涉及贸易、金融、投资、政府采购、知识产权保护、美国国债等多个方面。经贸政治社会化已经成为影响美国对外经贸政策的一大特征。

面临国际体系的变化和国内社会的声音，美国行政部门也有自己的政策理念。通常而言，美国行政部门的政策理念比较理性。行政部门既使自己能够最大化地满足国内压力需求，同时也使来自外部的负面影响最小化。

上述决策环境历经21世纪初期10多年逐步形成。在上述决策环境下，本书从汇率、贸易、国债以及国际金融体系等议题层面，分析美国的对华政策特征和新变化，并对中国以及广东省的应对政策提出了建议。

本书是广东国际战略研究院诸多研究人员集体智慧的结晶。本书的整体结构由唐小松教授构思。第一篇由唐小松负责，其中导语、第一章由沈本秋执笔，第二章、第三章由唐小松执笔。第二篇由刘继森负责，其中第四章、第六章由周骏宇、杨军执笔，第五章、结语部分由梁立俊执笔，第七章由刘继森、刘欣雨执笔。

唐小松

2012年5月于广州白云山

目　录

第二篇 美国对华经贸政策的政策分析

导语　美国对华经贸政策的议题与分析视角

一、中美之间的主要经贸议题

进入21世纪以来，随着中美之间的经贸联系日益紧密，中美经贸关系已经成为影响两国关系的核心要素之一。中美之间的经贸议题日渐增多，由贸易、汇率逐渐发展到美国国债和国际经济责任等议题。中美之间的经济摩擦已经超越传统的贸易摩擦范围，逐渐扩散到金融、债务等其他领域。

中美贸易摩擦自从中美两国建立经贸关系以来就一直存在。中国“入世”之前的贸易摩擦主要体现为两大议题：一是美国对华实施年度最惠国待遇审查，二是美国将“人权”与贸易挂钩。中国“入世”后，两国经贸关系更加深入，随之而来的是美国对华制造大量的贸易摩擦案件。根据美国国际贸易委员会对美国对华颁布的双反征税令和特保措施所做的统计，2006年美国对华颁布15起，2007年27起，2008年23起，2009年则达到35起。而且中美之间的贸易摩擦已经从传统的贸易产品摩擦进入制度摩擦。近年来，美国不仅仅指责中国的产品价格低廉，还经常指责中国对外贸企业的补贴制度、银行对外贸企业的贷款倾斜和中国国有企业的出口所获得优势。

中美汇率之争是本世纪中美之间的重要经济议题。美国对中国人民币汇率的指责也逐步从微观走向宏观。美国对人民币汇率的最初指责主要是集中在人民币币值。美国认为人民币币值不合理，一直要求人民币升值。之后，美国从制度层面对中国进行施压。美国认为中国的汇率制度不符合市场经济规律，要求中国改革汇率制度，实施完全市场化的人民币汇率制度。

美债问题是近年来两国间的热门问题。2011年7月，美国财政部公布了截至2011年5月美国的债务数据，美国国债总额已经超过14万亿美元，其中，中国已经持有美国国债1.16万亿美元，中国持有美国国债占美国国债总数约8%。而海外持有美国国债的总数为4.514亿美元[①]。美国担忧中国抛售美国国债，一再向中国作出承诺，保证美债安全。

随着中国经济规模逐渐扩大，成为世界第二大经济体，“中国国际经济责任论”也成为国际上一些国家的话题。国际金融危机后，美国曾经多次与中国进行沟通，要求中国为全球经济平衡发展采取措施。但是中国认为全球经济发展不平衡的关键是美国主导的国际经济体系出现了问题，美国必须出让国际经济体系中的主导权才是解决问题的根本。

二、本报告拟解决的问题

本报告主要解决三个问题：一是美国对华经贸政策的决策环境如何。政府的决策系统犹如“黑匣子”，打开“黑匣子”去探知决策的秘密一直以来都具有强大的吸引力。就制度层面而言，美国是一个典型的行政、立法和司法“三权分立”的国家。就国家与社会的关系而言，美国社会对于国家权力机构的决策具有重要影响，“政治社会化”已经成为美国政治的明确特征。所以，美国的决策主体多元，决策环境复杂。探讨美国对华经贸政策的决策环境对于理解美国对华经贸政策具有重要意义。

① 美国财政部网站：http://www.treasury.gov/resource-center/data-chart-center/tic/Documents/mfh.txt。

本报告欲解决的第二个问题是探讨在特定的决策环境下美国2011年的对华经贸政策有哪些特点和动向。2011年全球大多数国家经济仍然低迷，唯有中国发展势头最具亮点。美国在贸易、金融、投资、国际经济体系等多个领域究竟对中国实施了哪些政策措施？其中哪些政策措施的影响具有暂时性，哪些具有长期性？

本报告要解决的第三个问题是探讨美国对华经贸政策对中国和广东省的经贸发展具有什么影响，需要采取什么对策予以应对。中国已经成长为世界第二大经济体，中国经济已经完全融入世界经济。美国仍然是世界第一大经济体，而且是国际经济体系的主导者。未来中国如何应对美国的政策措施，如何与美国共同构建健康的经贸关系，不仅关乎两国自身，而且影响全球。此外，广东作为中国的经贸大省，在广东经济转型发展的关键时期，如何理解美国的政策带来的影响，具有十分重要的影响。

三、美国对华经贸政策的分析视角

美式民主制度的一大典型特征就是权力分立。美国在立国的时候就追寻西方社会自古信奉的目标：建立一个维护稳定和秩序的政府，但是要对其进行权力限制以防止暴政。这一目标要求对政府的形式、程序和机构安排都要最适合于对政府权力进行限制，并满足共同体的政治权利和正义的观念，也就是我们称之为宪政主义的观念。[①]宪政主义在外交上体现为政府和官员不能够垄断外交决策权和解释权。美国的三权分立制度以及社会对外交决策的影响都有力地证明了美式制度的复杂性。而通过多元化的层次和视角研究美国对外政策决策就非常符合美式制度的这种特点，有利于从多个侧面解

① 金灿荣：《美国对外政策的国内政治背景》，载《世界知识》，1997年18期，第30页。

读美国对外政策。关于美国对外政策的生成过程，学者们进行了多层次多视角的系统研究，到目前为止主要有三个视角：体系、社会、国家。

(一)体系视角的对外政策分析

体系视角下的国际关系理论研究主要有四种理论范式：现实主义、自由主义、建构主义以及新马克思主义。现实主义及其“霸权稳定论”一直被认为是对美国对外政策最具有解释力的范式和理论。现实主义强调国际体系的“无政府状态”。在《国际政治理论》中，肯尼斯·华尔兹(Kenneth N. Waltz)明确提出，国际体系处于无政府状态，国家行为的变化取决于该国所拥有的权力。[①]在这种状态下，传统现实主义认为国家追求的是权力，新现实主义认为国家追求的是安全，国家在国际体系结构中的地位决定了其对外政策走向。

“霸权稳定论”是解释美国对外政策的具体理论。金德尔伯格(Charles P. Kindleberg)比较全面地分析了霸权国家作为世界经济发展“稳定器”的作用。他认为霸权国家应为跌价出售的商品保持比较开放的市场。[②]他把20世纪30年代大危机归因于英国霸权衰落。金德尔伯格的结论很明显，即想要告诉我们：世界经济有霸则稳、无霸则乱。他的观点被认为是“霸权稳定论”的理论渊源。新现实主义者吉尔平进一步发展了该理论。霸权国家具有实力庞大的市场规模，具有金融货币方面的优势，具有制定国际规则的能力。霸权国家还是国际公共产品的提供者。[③]通过上述方式和资源，霸权国家

① [美]肯尼斯·华尔兹著，胡少华、王红缨译:《国际政治理论》，北京：中国人民公安大学出版社，1992年，序言第3页。

② [美]查尔斯·P. 金德尔伯格著，宋承先、洪文达译:《1929—1939年世界经济萧条》，上海译文出版社，1986年，第348页。

③ 王正毅、张延贵:《国际政治经济学——理论范式与现实经验研究》，北京：商务印书馆，2003年，第150-187页。

管理国际体系。

（二）社会视角的对外政策分析

罗杰·希尔斯曼（Roger Hilsman）等人将社会因素视为影响对外政策决策的权力因素之一，并将社会因素明确分为利益集团、媒体、公众舆论和选民。[①] 强调国内社会环境和结构的学者认为，“个人受到社会力量的制约……如果国内环境确定了，不同的决策者在同样的环境下也会作出基本相同的决策……美国外交政策部分是出自美国国内的需要……”[②]

舆论在美国对外政策上具有重要作用。美国社会公众在不同的议题上会形成舆论引导者，他们通常是政界的要人、商界名流、著名媒体评论人、权威的专业人士以及社会知名人物。他们引导着热心的公众塑造社会共识。此外，“美国分散而多元的政治体制允许各社会团体为自身的利益游说政府，利益团体对政府的合法游说便成为美国政治中的一个基本特征”。[③]除了上述国内政治制度为利益团体的活动提供了制度基础之外，全球化则使国内政治与外交事务联系起来。国际事务的诸多方面都牵涉国内价值和经济利益，产生了美国外交决策中的“私有化”现象。这个现象就是指各种利益集团已经不满足于在幕后推动影响外交政策，而是公开走到政治前台进行游说活动。

社会视角的主要理论是多元论。多元论的主要鼓吹者之一是罗伯特·达尔（Robert Dale）。他认为多元民主“是一种对个人和组织的自主权相对来说有较高宽容态度的体系……各种社会组织构成了

① ［美］罗杰·希尔斯曼、劳拉·高克伦、帕特里夏·A·魏茨曼著，曹大鹏译：《防务与外交决策中的政治——概念模式与官僚政治》，北京：商务印书馆，2000年，第320-415页。

② 张清敏：《美国对台军售政策研究：决策的视角》，北京：世界知识出版社，2006年，第14页。

③ 郝雨凡、张燕冬：《无形的手——与美国中国问题专家点评中美关系》，北京：新华出版社，2000年，第117页。

多元政治的基础，如私人俱乐部、文化组织、压力集团、政党、工会等，许多这类的组织积极谋求影响政府”。[①]在决策过程中，各种组织积极发挥影响，实现自己的偏好。在一个信仰多元的社会，不同的利益集团代表不同的群体，在相互的竞争中进行协调，这就是多元社会的政治特点。

（三）国家视角的对外政策分析

民族国家作为分析视角，可以分析国际体系中国家行为体之间对外政策的差异。国家视角的分析者认为，“政府”是一个统一的行为体，这里的政府是指追求国家利益的理性行为者，是等同于“国家”概念的行为体。国家作为一个视角，并不是一个具体的行为体，而是一个具有高度抽象意义的概念。国家作为一个抽象的整体，所计算和追求的是国家利益。

国家视角下的对外政策分析一般以理性行为者模式为主。理性行为者模式把民族国家假设为单一行为体，遵循以下理性的决策过程：首先确定问题，即确认当前所面临的主要问题是什么；其次确定政策目标，即为了解决上述问题，需要达到怎样的政策目标；然后分析各种解决方案；最后根据政策目标从各种解决方案中做出选择。[②]国家有明确界定的目标，一旦国际环境发生变化，国家就会做出选择与回应。在决策中，国家会仔细地计算政策和利益得失，最终做出最有利的选择。[③]“对外政策被认为是国家和政府所选择的行为。政府选择能够使自己的战略目标和目的实现最大化的行为。”[④]

① ［美］罗伯特·达尔著，王沪宁、陈峰译：《现代政治分析》，上海译文出版社，1987年，第107-108页。

② Eugene R. Wittkopf, Charles W.Kegley Jr., James M.Scott,《美国外交政策：模式与过程》，北京大学出版社，2004年，第450页。

③ See Graham T. Allison, “Conceptual Models and the Cuban Missile Crisis”, *The American Political Science Review*, September 1969, pp. 689-718.

④ Graham T. Allison, *Essence of Decision*, New York: Harper Collins Publishers, 1971, p. 32.

依据这种模式，总统行使对外政策决策权。一旦问题被纳入议程，总统将根据对外政策目的来确定对外政策目标，考虑各种各样的政策选择，然后确定最终确保成功的方案。

视角	变量
体系	国际体系结构
国家	行政部门
社会	社会行为体

本研究将从国际体系、社会和国家三个层次分析美国对华经贸政策的决策基础和对华政策。报告分为两篇。第一篇主要分析美国对华经贸政策的决策基础，包括美国对国际体系变化的认知、美国国内社会在对华经贸政策上的各种观点以及美国行政部门在对华经贸政策上的态度。第二篇主要分析在贸易、财政金融、投资和多边经济合作等领域中美国对华的具体政策。结语部分着眼未来，对美国对华经贸政策进行预测性的探讨，并对中国和广东省的应对策略提出适当和可行的政策建议。

第一篇

美国对华经贸政策的决策基础

第一章　21世纪初美国霸权在国际体系中的困境

人类进入21世纪十余年来，国际体系已经开始出现显著的变化。尽管美国仍然在支撑其冷战结束以来的独霸地位，但是支撑霸权的经济基础在减弱。进入21世纪以来，美国遭遇了最大的恐怖主义打击和威胁，连年征战，并导致了反恐扩大化，军费开支不断增加。经济上，2007年的美国次贷危机进而引发2008年美国金融危机，目前复苏缓慢。一方面，美国霸权的军事成本在增加，另一方面，美国霸权的经济基础在减弱，这就是当前美国霸权自身存在的困境。

相对而言，新兴国家的崛起，尤其是中国的崛起已经成为全球亮丽的风景线。中国一直在实现和平崛起，而且在金融危机面前仍然稳步前行。目前中国的经济规模已经居于全球第二位，而且中国的崛起不仅是经济的崛起，而是代表一种新的发展模式的崛起、一种古老文明的复兴，这都是导致国际体系发生变化的因素。

第一节　美国的军事成本不断增加

一、美国的全球军事权力在增长

2001年以来，美国几乎连年征战，美国的军费开支也在不断攀高。即使在2008年发生金融危机之后，美国的军费开支也一直上升。如表1-1：

表1-1 全球军费统计（以2009年不变价格为准）

单位：10亿美元

年度	全球军费	美国军费	其他国家军费
2001	1044	379	665
2002	1107	425	682
2003	1177	484	693
2004	1243	528	715
2005	1294	553	741
2006	1334	562	772
2007	1381	576	805
2008	1457	619	838
2009	1549	669	880
2010	1569	687	881

资料来源：斯德哥尔摩国际和平研究所关于军费的统计：http://milexdata.sipri.org/。

美国军费占全球军费开支的比例一直很高，将近一半，而且逐年增加，由2001年占全球军费开支的36.3%上涨到2010年占全球军费开支的43.8%，达到史无前例的比例。如图1-1所示：[①]

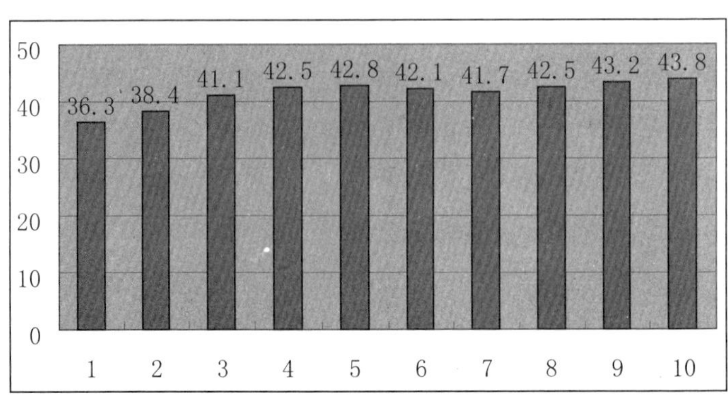

图1-1 美国军费占全球军费之比

① 根据斯德哥尔摩国际和平研究所的统计进行推算得出。

而且美国军费的增长速度在逐渐超过全球军费的增长速度。如图1-2所示，2001年以来，全球军费开支也在上升，但是美国的军费开支上升速度更快。

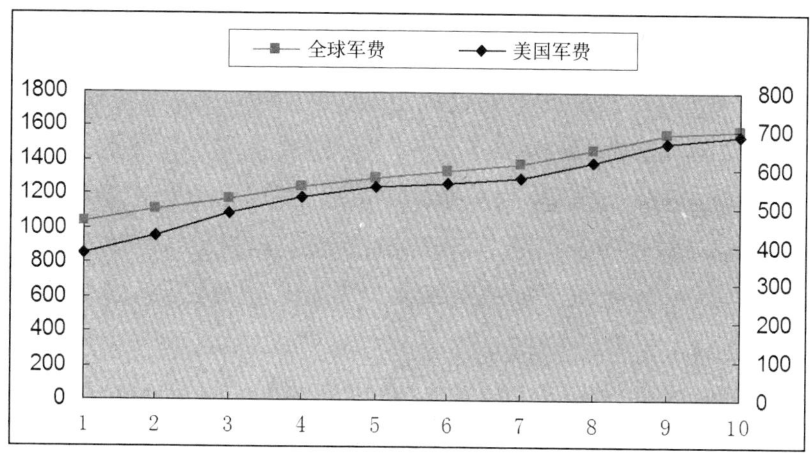

图1-2　美国军费增速与全球军费增速之比

相较于全球其他国家而言，美国的军费开支增长速度自2001年以来逐渐超过其他国家军费开支的增长速度，这说明美国一直在引领全球军备竞赛。如图1-3：

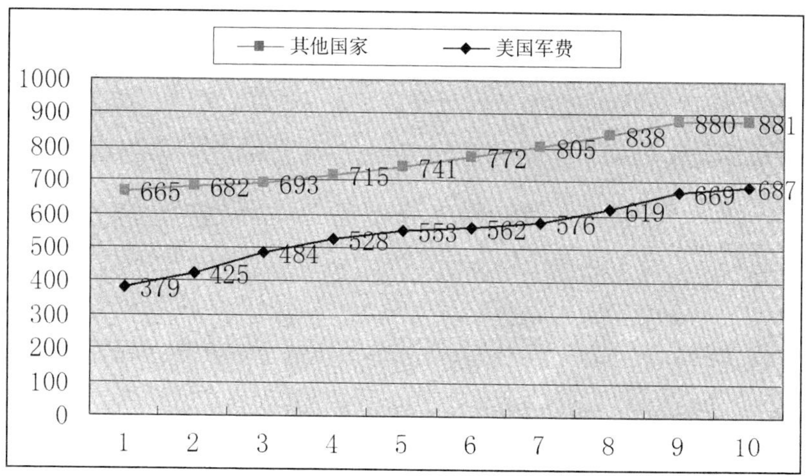

图1-3　美国军费增速与其他国家军费增速之比

美国庞大的军费开支占其国内生产总值的比例也在迅速增加，2001年占其国内生产总值为3.1%，而到了2010年竟然上升到4.8%。如图1-4：[①]

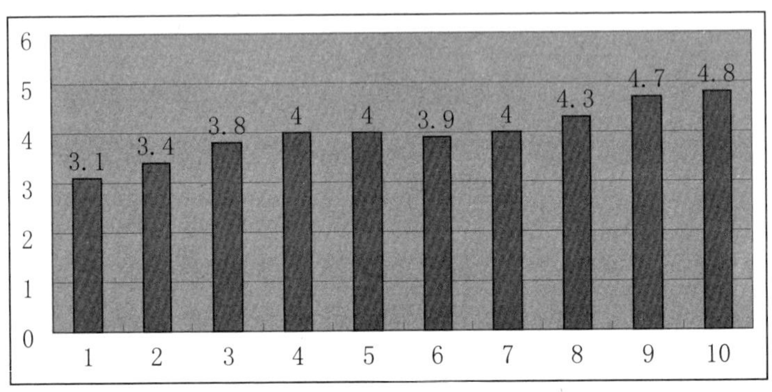

图1-4 美国军费占GDP比例

2011年，美国的军费预算更高，达到约7682亿美元。总之，美国军费开支不断攀升，表明美国的军事权力在增强，但是也说明美国霸权成本在不断增加。

二、美国对亚太安全的利益和责任在增强

（一）美国对亚太盟友更为重视

《2011年美国国家军事战略报告》认为，亚太地区在美国战略和利益中日渐重要。亚太地区的财富在全球财富中的比重越来越大，也进一步促使该地区的军事能力日渐增强。该地区的安全结构正在发生变化，对美国的国家安全和领导地位带来了新的挑战和机遇。[②]

《2011年美国国家军事战略报告》明确提出，美国在未来长时期内将维持在东北亚的强大的军事存在。将继续依靠日本、韩国两位盟友应对地区安全的挑战。2015年后美国还将继续维持联合军事

① 所有数据源于斯德哥尔摩国际和平研究所关于军费的统计：http://milexdata.sipri.org/。

② 美国国防部：《2011年美国国家军事战略报告》，2011年2月8日。

力量对朝鲜半岛的控制。美国还将帮助韩日之间加强军事练习、促进军事合作和维持地区安全。在东南亚和南亚，美国将寻求机会加强与东盟和其他多边论坛的关系。美国将增强澳大利亚在区域安全的领导地位。美国还将寻求区域内的军事合作以加强军事力量。具体行动上，美国将与印度在防核扩散、全球利益、反恐等领域展开合作；美国还将与菲律宾、泰国、马来西亚、越南、巴基斯坦、印度尼西亚、新加坡以及其他国家开展安全合作和交流，并开展军事演习，与它们共同防范对其领土与安全构成的威胁。[①]

2011年亚太安全中最引人担忧莫过于南海争端。二战之后的较长时期内，并不存在所谓的南海问题。南海周边国家也没有对中国在南沙群岛及其附近海域行使主权提出过异议。1975年以前，越南一直认可中国对南沙群岛的领土主权。菲律宾、马来西亚等国在20世纪70年代之前也没有任何法律文件或领导人讲话提及本国领土范围包括南沙群岛。但是20世纪70年代开始，越、菲、马等国以军事手段占领南沙群岛部分岛礁，在南沙群岛附近海域进行大规模的资源开发活动并提主权要求。

面对复杂的南海形势，中国领导人邓小平在20世纪80年代提出了"主权归我、搁置争议、共同开发"的战略构想。中国政府积极与各国协调，于2002年签署《南海各方行为宣言》。但是这并不能阻止周边各国继续占领的现实。2011年上半年，越南姿态强硬，以军事演习、全国征兵动员等形式促使局势日趋紧张。菲律宾也通过军演和在南沙的费信岛建立军事设施而加剧紧张氛围。

尽管美国国务院一直表态，称美国对南海主权争议不持立场，但是美国一直通过实际行动表示自己在南海的存在，并试图左右南海局势。2011年7月10日，美军参谋长联席会议主席迈克·马伦

① 美国国防部:《2011年美国国家军事战略报告》，2011年2月8日。

（Mike Mullen）明确表示美国会继续保持在南海的存在。菲律宾和美国海军28日下午在菲律宾巴拉望省以东的苏禄海举行代号为“海上联合战备训练演习”的年度联合军事演习。美国海军有3艘舰艇和约1000名军人参加此次演习。紧接着7月中旬，美国海军第七舰队的钟云号驱逐舰、普雷贝尔号驱逐舰和一艘护卫舰抵达越南岘港参加为期七天的美越南海联合军事训练。美国的军事动作较为频繁。美国在南海的军事行动是对《2011年美国国家军事战略报告》的实践。

（二）美国对中国军力发展的态度：“合作与防范”

近年来，中国的军费开支一直在增加。中国军费的新增加部分主要用于中国军队的工资福利和中国军队的职能扩大。中国军队一直实行义务兵制度，军队的工资和福利长期以来比地方水平低。另一方面，中国军队近年除了承担抗洪、抗震、反恐等这些传统任务外，随着中国承担的国际责任日渐增多，军队还承担了越来越多的国际维和、打击海盗等任务。尽管如此，中国军费开支总体上比美国军费开支低很多。如图1-5：[①]

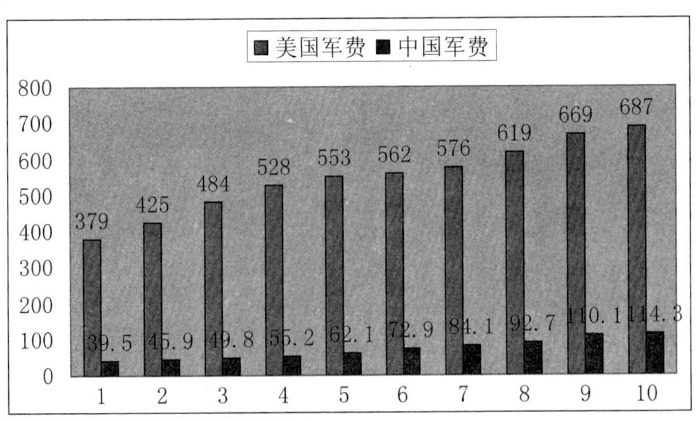

图1-5 美国与中国军费之比较（单位：10亿美元）

① 所有数据源于斯德哥尔摩国际和平研究所关于军费的统计。

2006年后中国军费的增速快于美国，如图1-6：[①]

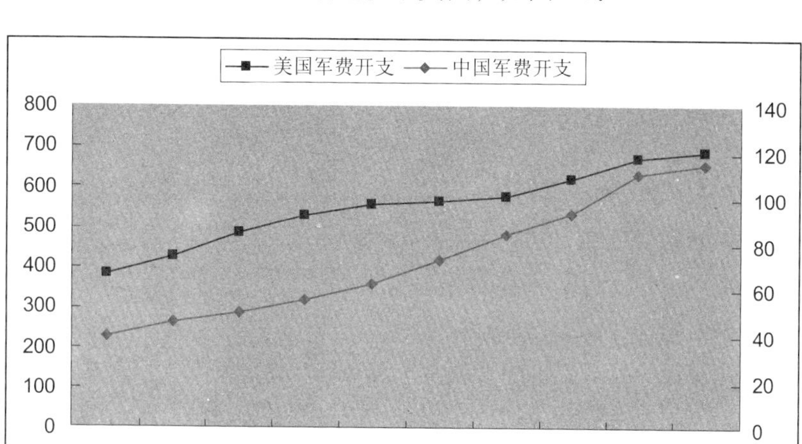

图1-6　美国军费增速与中国军费增速之比

《2011年美国国家军事战略报告》对于与中国的军事关系有明确的定位："合作与防范"。报告提出，美国军方寻求与中国军方深化关系，扩大共同利益范围，加深理解，减少误解，预防误判。美国军方将在打击海盗、防止大规模杀伤性武器扩散和维护朝鲜半岛和平方面促进与中国军方的关系。但是美国军方会继续监测中国军事的发展，并评估这些发展对台湾海峡的军事平衡带来的影响。美国军方关注中国军事现代化的程度和内涵，并密切关注中国在太空领域、信息领域、黄海、东海和南海的发展。为了保护美国和盟友的利益，美国愿意并承诺，只要有威胁盟友安全和危害全球利益的行为，美国将提供资源与支持予以反对。[②]

总之，美国军费不断升高，与其在全球的军事行动直接相关。自2001年美国开始部署反恐战争以来，经历了阿富汗战争、伊拉克

① 根据斯德哥尔摩国际和平研究所的数据进行统计。

② 美国国防部：《2011年美国国家军事战略报告》，2011年2月8日。

战争。连年征战，加之全球反恐扩大化以及庞大的海外驻军，导致了美国庞大的军费开支。此外，美国对亚太地区的重视，对亚太地区军事盟友的支持，以及对中国的防范，都导致了美国在本地区的军事存在逐步增强。表面上看，美国的军事权力在全球增强了，其霸权地位得到了维持，但是美国支付其霸权的成本也在不断增加。

第二节　美国的经济权力逐渐下滑

一、美国经济规模相对缩小

冷战结束后，在信息技术革命的引领下，20世纪末美国在克林顿政府时期经济经历了一段黄金时期。进入21世纪，美国经济规模仍然遥遥领先，保持了全球第一的位置。美国在21世纪前十年的GDP数字和全球GDP数字统计如表1-2：

表1-2　美国GDP数字和全球GDP数字之比

单位：万亿美元

年度	全球GDP	美国GDP
2001	32.009	10.234
2002	33.274	10.59
2003	37.447	11.089
2004	42.196	11.812
2005	45.631	12.58
2006	49.46	13.336
2007	55.853	14.062
2008	61.38	14.369
2009	58.26	14.119
2010	63.05	14.582

资料来源：世界银行数据库：http://data.worldbank.org.cn/indicator/NY.GDP.MKTP.CD/countries/1W?display=graph。

但是美国经济规模在全球经济规模中的比重逐步下降，如图1-7：[①]

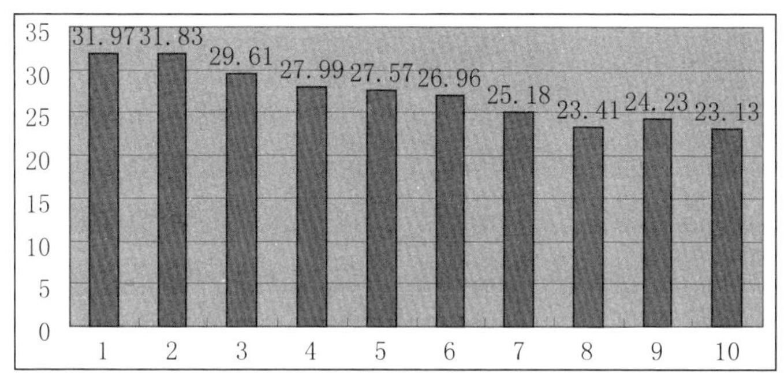

图1-7 美国GDP占全球GDP之比

从经济增长率而言，2001年以来，尽管美国经济一直有所增长，但相对于全球经济增长率而言，美国经济增长率一直低于全球经济增长率。如图1-8：[②]

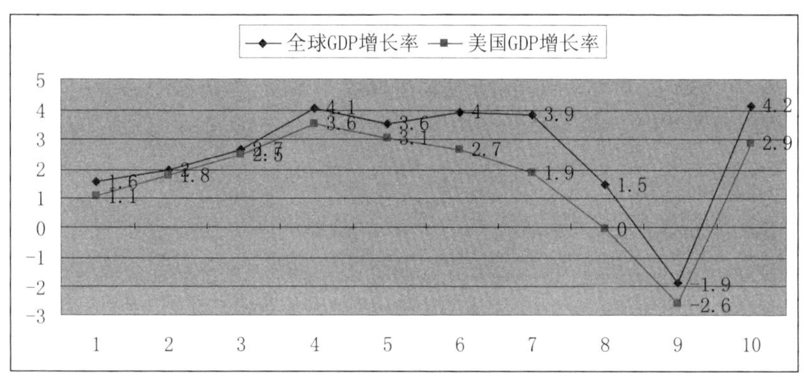

图1-8 美国经济增长率与全球经济增长率的比较

图1-9也显示出美国的GDP增速逐步放缓，全球的增速逐步加

① 本图数据根据世界银行的数据进行推算得出。

② 所有数据取自世界银行数据库：http://data.worldbank.org.cn/indicator/NY.GDP.MKTP.KD.ZG/countries?display=graph。

快，而美国的增速逐渐低于全球经济增速：[①]

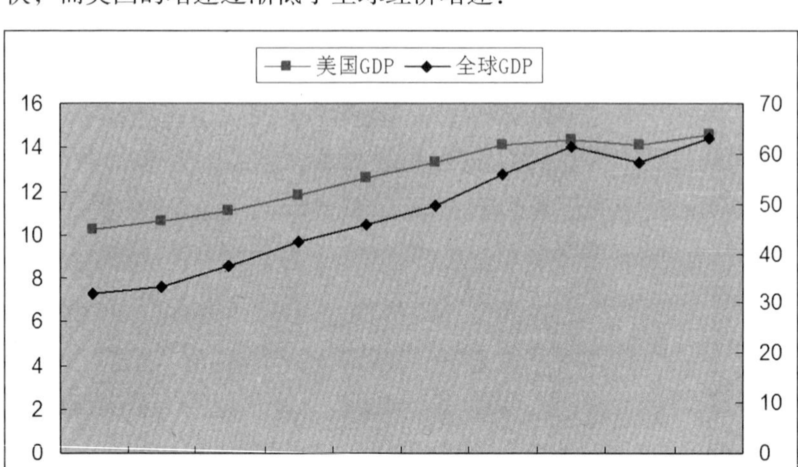

图1-9　美国经济增速与全球经济增速的比较

二、国际贸易：美国的权力逐步下滑

（一）美国在全球的贸易逆差不断扩大

自由贸易体系是霸权国家供给的主要公共产品之一。历史上的英国还有美国均把维护国际自由贸易体系作为主要的国际公共产品。英国通过自由贸易建立了自己的霸权体系。二战后美国也力推自由贸易，推动其霸权体系的建立。20世纪40年代，正逢美国霸权的鼎盛时期，美国努力推动关贸总协定的谈判，确立了自由开放的国际贸易体系，获得了资本主义世界对其霸权地位的认可。但是在20世纪70年代之后，美国已经不愿意再像以前那样容忍日本和欧洲的“搭便车”行为了，而是大量采用保护主义政策，美国和欧日之间经贸争端频发。主要原因是美国与主要贸易伙伴之间贸易逆

① 根据世界银行数据库制定本图。

差开始出现，并不断扩大。进入21世纪以来，美国在全球的贸易逆差更加不断创新高，如图1-10：[①]

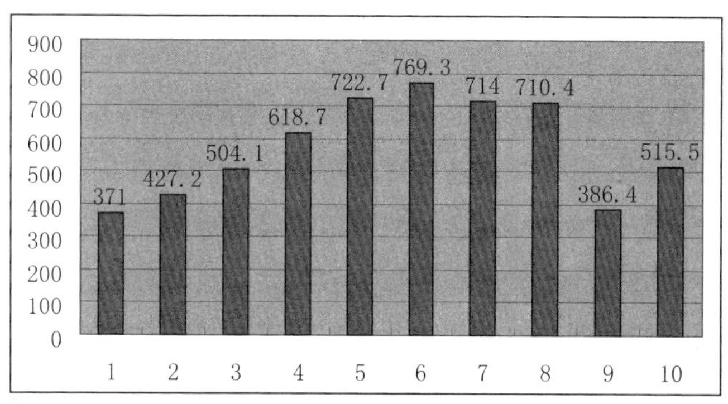

图1-10　美国在全球的贸易逆差（单位：10亿美元）

美国对华贸易逆差也不断增加，如图1-11：

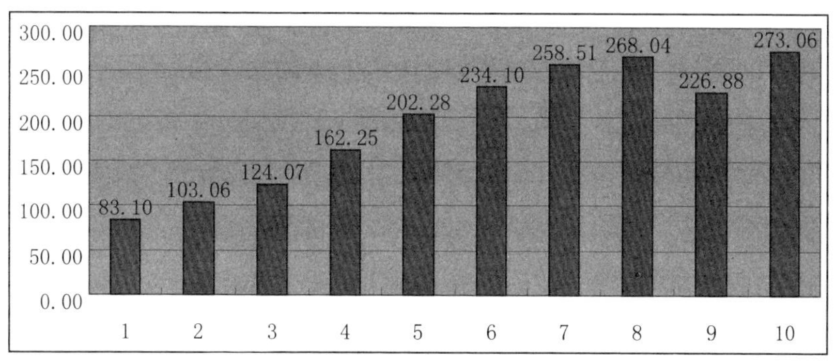

图1-11　美国对华贸易逆差

（二）美国供给国际自由贸易体系的能力在下降

二战之后美国一直在努力促使世界贸易自由化。1947年，美、英、法、中、印等23国在日内瓦参加世界贸易和就业会议第二次筹委会，通过了《国际贸易组织宪章》，并进行了首轮减让关税谈

① 数据来源于《2011年总统经济报告》。

判。谈判的结果达成了《关税与贸易总协定》。后来23国又达成了《关税与贸易总协定临时适用议定书》。规定在国际贸易组织宪章生效之前，临时适用关贸总协定。[①]尽管后来世界贸易和就业会议在哈瓦那通过了《国际贸易组织大宪章》，但是美国国会没有批准通过，导致国际贸易组织没有成立。但是《关税与贸易总协定》在美国的推动下一直存续了下来。

自1947年第一轮多边关税减让谈判以来，于1949年、1951年、1956年、1960—1961年、1964—1967年、1973—1979年以及1994年分别举行了共八次关税谈判。在这个历史阶段，美国为国际贸易公共产品的供给做出了贡献。首先，从关贸总协定的成立到后面的八次谈判，一直都是美国在主动策划和倡议，为各国在贸易上搭建了对话的平台和机制。美国是多边贸易体制的主导者。在国际社会无政府状态条件下，它促使了国际机制的成立，并努力去维护它。其次，美国主导的历次谈判所确立的自由竞争原则、互惠原则、非歧视原则、最惠国待遇原则、国民待遇原则、透明度原则、贸易壁垒抵减原则、公平贸易原则、取消数量限制原则均成为自由贸易的核心原则，并成为所有成员遵守的准则。[②]二战后美国一直努力在国际社会推动自由贸易，上述原则是自由贸易的制度保证。此外，谈判结果使全球自由贸易的范围更加广泛，由最初的货物贸易扩展到服务贸易、知识产权、投资措施以及贸易便利等内容，使全球受惠国家和人群更加广泛，并且使国际贸易关系由传统的实力国家主导逐步发展为由规则约束，[③]使各国具有平等的地位。

① 关于《关税与贸易总协定》的成立和发展，参见李一文、马凤书：《当代国际组织与国际关系》，天津人民出版社，2002年，第292-303页。

② 李一文、马凤书：《当代国际组织与国际关系》，天津人民出版社，2002年，第298-300页。

③ 该观点参见黄志雄：《战后多边贸易体制六十年的反思与前瞻》，载《法学评论》，2009年第1期，第66页。

相对而言，美国在“多哈回合”历次谈判中的作用并不明显。2001年，世界贸易组织启动了多边贸易谈判，其间主要经历了2003年坎昆WTO第五次部长级会议，2004年日内瓦WTO总理事会会议，2005年中国香港WTO第六次部长级会议，2006年六十名WTO成员的贸易和农业部长日内瓦小型部长级会议，同年7月美国、欧盟、巴西、印度、日本、澳大利亚等主要谈判成员的贸易谈判代表在日内瓦举行的紧急的小型部长级会议等。自美国2007年陷入次贷危机之后，美国对多哈回合谈判的作用十分有限。

“多哈回合”难以完成谈判，除了谈判成员众多导致的利益多元化难以统一之外，更为重要的原因是美国没有表现出大国的作为，没有表现出国际公共产品主要供给者的作用。首先，美国没有能力协调发达国家和发展中国家之间的分歧。随着中国、印度、巴西等发展中国家集团在国际贸易中的地位不断增强，美国等发达国家在全球贸易的比例不断下降，美国已经难以协调谈判分歧，更加难以控制谈判进程。如发达成员在农产品关税削减和出口补贴等方面与发展中成员之间存在利益分歧。美国一直主张农业补贴，而发展中国家要求美国大幅削减农业补贴，难以达成一致意见。其次，2007年后美国经济所遭遇的问题和困境也使美国难以在谈判中做出大的让步。在2008年7月世贸组织日内瓦主要成员国部长会议期间，美国仅同意将农业补贴由每年的170亿美元降到145亿美元。[①]而在发展中国家要求的农产品特殊保障机制方面，美国坚决不让步。由于发展中国家担心进口农产品激增而导致本国农业受到严重损害，要求采取农产品特保机制，即发展中成员可以在农产品进口“激增”的条件下采取提高关税等特保措施以保护本国农业。世贸组织的妥

① 数据参见世界贸易组织网站文章，《关于多哈回合的谈判》：http://www.wto.org/english/tratop_e/dda_e/dda_e.htm。

协方案将“激增”的底线定为40%。印度等成员要求放宽这一底线，美国担心国内农产品出口下跌，坚决不同意这一方案。[①]此外，美国国内政治也制约了美国在谈判中发挥主导作用的能力。2007年底，美国总统的贸易“快车道授权”到期，白宫的贸易政策主导权受到国内政治的削弱，国内政治议题和价值诉求对贸易政策的影响重新显现，涉及环保、劳工标准和人权保护等内容的议题进入决策过程。奥巴马总统在2010年3月1日向国会提交的贸易政策议程中表示，美国将“全面行使贸易协议中规定的劳工和环境权利”。[②]美国贸易代表罗恩·柯克（Ron Kirk）也于同日说：“总统的贸易议程将反映美国关于劳工权利、环境和公开对话等方面的价值观。”[③]美国国内政治削弱美国政府对国际公共产品的供给在历史上也有先例，如一战结束后美国国会否决设立国联的议案，以及二战结束后美国国会否决《国际贸易组织大宪章》。此次，美国由于国内政治因素而力图将上述议题纳入世界贸易组织的争端解决机制，将导致新的贸易壁垒，也必将使谈判难以达成一致，最终影响美国政府供给国际公共产品的能力。

三、国际金融：美国金融权力式微

如何判断美国的国际金融权力？本节主要从美国在国际金融体系中的制度性权力和美元在全球的地位进行评估。制度性权力主要用于评估美国在国际金融体系中的地位。二战后美国对世界的主要贡献就是构建国际制度，这也是美国霸权的基础。

① 数据参见世界贸易组织网站文章，《关于多哈回合的谈判》：http://www.wto.org/english/tratop_e/dda_e/dda_e.htm。

② 美国国务院国际信息局（IIP）《美国参考》：《2010年“奥巴马总统向国会提交贸易政策议程”》，http://www.america.gov/st/business-chinese/2010/March/20100304152812abretnuh0.4048382.html。

③ 同上。

（一）美国在国际金融领域的制度性权力

美国在国际货币基金组织拥有独大的权力。自从二战之后，美国一直主导该机构的重大决策。进入21世纪以来，美国的投票权一再经过调整，从17.67%调整到16.77%，再到未来计划调整到16.5%。[①]这说明美国的权力在受到挑战，并不断减弱。尽管如此，美国目前的主导权丝毫不受影响。因为在国际货币基金组织，重大决策需要超过85%的票权才能通过。除美国之外，其他所有国家的票权也不足85%，所以美国仍然具有一票否决权。

美国在世界银行的权力地位也类似其在国际货币基金组织的权力地位。近年来，美国的票权已经从16.36%下降到15.85，[②]但是仍然保持绝对的一票否决权。同样，在世界银行，但凡重大决策均需要超过85%以上的票权才能够获得通过。

（二）美元在作为世界货币的地位

1971年之后，布雷顿森林体系解体，美元与黄金脱钩。尽管如此，1971年前美元作为国际主要货币的历史地位仍然存在，其功能仍然有效。怎样考察美元在国际社会的权力？在发达的商品经济中，货币一般具有价值尺度、流通手段、贮藏手段、支付手段和世界货币五种职能。对于美元而言，它的前四种职能与世界货币的职能是重合的。它不仅在美国流通，还在世界流通，而且具有在世界范围内的价值尺度、流通手段、贮藏手段、支付手段。这四种职能也构成了美元作为世界货币的权力基础。本节将根据这四种职能分析美元目前的权力地位。

1. 美元作为全球贸易支付手段的地位

传统上美元（USD）、德国马克（DEM）、日元（JPY）、瑞士法

① 数据源于：http://www.imf.org/external/np/sec/memdir/members.aspx#total。

② 数据源于世界银行网站。

郎（CHF）、法国法郎（FRF）、意大利里拉（ITL）、荷兰盾（NLG）、欧元（EUR）、英镑（GBP）等均是国际贸易的结算货币。

美元一直是全球贸易结算的主要货币。近年来美元占全球贸易结算比重的50%以上。[①]但是金融危机后，美元作为国际贸易结算货币的主导地位受到了挑战。2011年4月中旬，“金砖国家领导人第三次会晤”在中国三亚举行。《金砖国家银行合作机制金融合作框架协议》正式签署。“金砖五国”成员将在以下方面开展合作：一、稳步扩大本币结算，服务便利金砖国家之间的贸易规模。二、加强金砖国家在资源、低碳等重要领域的投融资合作。三、积极开发资本市场间的合作，包括发行债券和企业的相互上市。四、加强金砖国家之间的金融领域的信息交流。人民币已经在周边国家进行贸易结算。该协议签署后，将进一步扩大人民币国际化的范围。

2. 美元在全球的储备地位

美元一直是全球外汇储备中的主要货币之一，与之并存的还有欧元、日元、英镑等。美元在全球外汇储备中的比重在20世纪70年代达到80%左右，进入80年代，下降到50%左右。但是后来90年代又缓慢上升。进入21世纪的前十余年，通过对国际货币基金组织发布的数据进行评估，发现美元的储备货币地位逐渐下滑。如表1-3：

表1-3 全球储备数据

单位：百万美元

年度	全球官方外汇储备	已报告储备	美元储备
2001	2,049,665	1,569,551	1,122,431
2002	2,408,001	1,795,994	1,204,673
2003	3,025,091	2,223,203	1,465,752

① 门洪华：《金融危机与美元霸权的变迁》，载《理论视野》，2009年第1期。

续表

年度	全球官方外汇储备	已报告储备	美元储备
2004	3,748,377	2,655,173	1,751,012
2005	4,320,167	2,843,625	1,902,535
2006	5,251,719	3,315,575	2,171,075
2007	6,700,000	4,119,398	2,641,671
2008	7,338,334	4,210,072	2,698,423
2009	8,163,195	4,562,264	2,832,674
2010	9,258,642	5,123,535	3,152,642

资料来源：数据源于http://www.imf.org/external/np/sta/cofer/eng/index.htm。

此处说明一下，全球官方储备包括已报告储备（allocated reserves）和未报告储备（unallocated reserves）。已报告储备表示申报国家已经明确说明了官方储备中有哪些货币成分，而未报告储备指没有说明储备货币中包括哪些成分，也许是货币，也许是商品如黄金、石油等。图1-12是美元在全球的比重：[①]

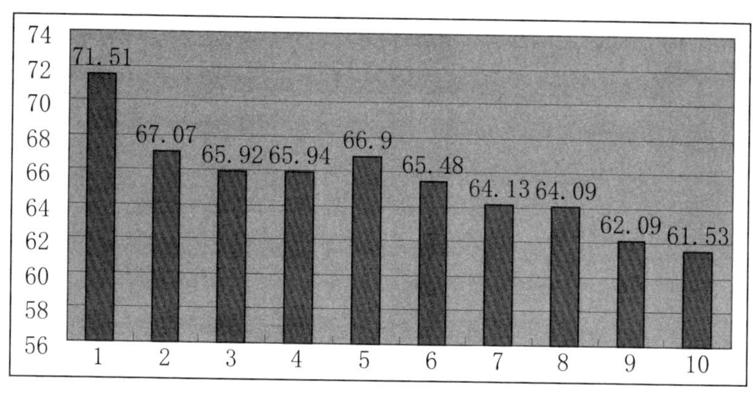

图1-12 美元占全球官方外汇之比

通过该图，可以看出美元在全球官方外汇已报告储备中的比例

① 根据表1-3数据推算。

在逐渐下滑。

3. 美元作为全球流通手段的地位

流通手段是指货币在日常交易过程中起媒介作用时所发挥的职能。全球外汇市场的交易额是考察一种货币作为全球流通手段地位的途径之一。全球外汇市场交易额说明该货币在国际外汇市场的流通程度。近年来美元在全球外汇市场的交易额2001年为89.9%，2004年为88%，2007年为85.6%，2010年为84.9%。[①]这里需要说明一下，每笔交易中涉及两种货币，所以交易总量以200%计算。可见，美元的交易额在逐渐下滑。

4. 美元作为价值尺度的全球地位

美元在全球的价值尺度主要体现在两个层面。一是计价职能。美元现在是3种大宗商品的计价货币，即能源商品、基础原材料和大宗农产品。大宗商品基本上是工业基础，处于产业链的最上游。因此，大宗商品的供求变化与价格的变化对于中下游产业影响很大。美元在全球的价值尺度体现的另一个层面是汇率制度中的“锚币”职能。目前把本国货币钉住美元的国家和地区有23种货币：巴哈马元、百慕大元、阿鲁巴导弗罗林、巴林第纳尔、巴巴多斯元、伯利兹元、开曼群岛元、古巴可兑换比索、吉布提法郎、东加勒比元、厄立特里亚纳克法、港元、约旦第纳尔、黎巴嫩镑、荷属安的列斯盾、阿曼里亚尔、巴拿马巴波亚、西兰元、卡塔尔利亚尔、沙特阿拉伯利亚尔、特立尼达和多巴哥元、阿拉伯联合酋长国迪拉姆、委内瑞拉玻利瓦尔。而钉住全球第二大货币欧元的有12种货币。

① 数据来源：http://www.bis.org/publ/rpfxf10t.htm。

四、美国积极融入亚太经济

亚太经济迅速增长，尤其是金融危机后亚太经济仍然较好，为了挽救美国经济，美国将重心放在亚太。2007年次贷危机后，美国加大了缔结区域自由贸易协定的力度。亚太区域经济的迅速发展促使美国把区域计划的中心转移到该地区。但是由于“亚太经合组织”的合作方式比较松散，美国于是另辟路径。奥巴马政府对此予以高度重视，2009年11月14日，奥巴马明确表示美国将加入“泛太平洋战略经济伙伴关系协定”（the Trans-Pacific Strategic Economic Partnership Agreement，简称TPP）。①

该协定之前为人知之甚少，于2005年6月在APEC部长会议时完成谈判，最初仅有新加坡、新西兰、文莱和智利四位成员。由于没有大国参与，而且规模较小，所以没有引起国际社会的注意。在美国公开表示要加入该协定的意向后，该协定开始引人注目。美国于2010年3月中旬开始进行了谈判。目前该协定的谈判国除了上述国家外，还有秘鲁、越南和澳大利亚。②

但是该协定的政治经济含义一直为外界所评论。中国作为亚太地区主要经济体，美国并没有邀请中国参加该协定。如果美国想真正全方位融入亚太经济，中国必然也会成为美国的谈判对象。但是到目前为止，中国并没有收到任何邀请。

五、国际投资：海外对美投资高于美国对外投资

国际投资状况也是审视美国经济的一个指标。通过进出美国的资金状况，可以了解美国国内资金是否充足。进入21世纪以来的前

① 参见美国国际贸易委员会网站：“The Trans-Pacific Parternership”，http://www.trade.gov/mas/ian/tradeagreements/multilateral/index.asp。

② 同上。

十年，美国的对外直接投资及海外对美直接投资总额见表1-4。

表1-4 美国的对外直接投资及海外对美直接投资总额

单位：百万美元

项目 年度	美国对外投资	海外对美投资
2001	1,460,352	1,343,987
2002	1,616,548	1,327,170
2003	1,769,613	1,395,159
2004	2,160,844	1,520,316
2005	2,241,656	1,634,121
2006	2,477,268	1,840,463
2007	2,993,980	1,993,156
2008	3,232,493	2,046,662
2009	3,547,038	2,114,501
2010	3,908,231	2,342,829

资料来源：美国对外直接投资数据：http://www.bea.gov/scb/pdf/2011/09%20September/0911_usdia_tables.pdf；海外对美直接投资数据http://www.bea.gov/scb/pdf/2011/09%20September/0911_fdius_tables.pdf。

通过表1-4可以发现，自2001年以来，美国对外直接投资迅速增加。即使在2008年金融危机时期，美国的对外直接投资也没有下滑，仍然维持了增长的势头。2009年和2010年尽管美国经济复苏乏力，但是对外直接投资仍然没有受到影响。这说明该国的对外直接投资并没有受到金融危机的影响。

上述表格还表明，海外对美直接投资在经历了2002年的短暂下滑之后，一直维持上升势头。尽管2008年发生了金融危机，但是2008年至2009年的海外对美直接投资仍然在增加，只是增加的幅度相对较小。这也表明金融危机之后，国际投资仍然在维持对美国经济环境的信心。

上述图表还表明，2001年后美国对外直接投资的数额一直大于海外对美直接投资的数额，而且美国对外直接投资和海外对美直接投资之间的差距在日益拉开。通过图表可以发现，2001年美国对外直接投资和海外对美直接投资差别不大，但是到了2010年，这两个数据的差别非常大。这一差距也可以通过下面的图1-13进行分析：

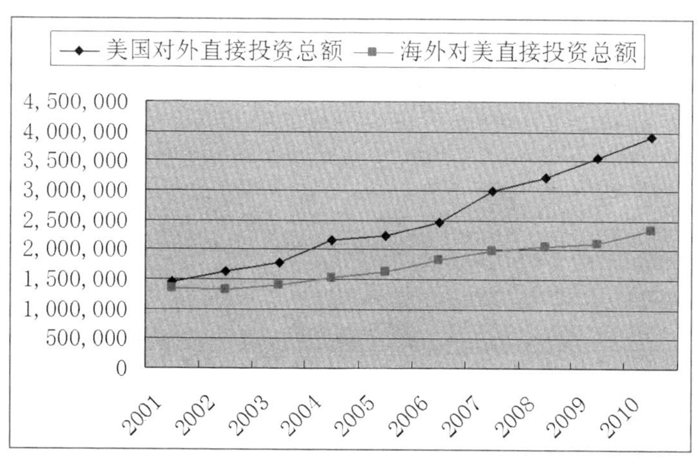

图1-13　美国的对外直接投资及海外对美直接投资总额

这一趋势的直接结果就是：美国的资本在外流，而流入美国的资本不能平衡流出的资本。这对于美国经济而言是不利的一面。

表1-5和图1-14中国际投资的年度数据也说明了上述分析结果。尽管2001年、2005年、2006年这三年美国年度吸纳的海外直接投资多于美国对外直接投资，但是总体趋势表明：美国的对外直接投资多于美国吸纳的海外直接投资。

表1-5 美国对外直接投资及海外对美直接投资年度数据

单位：百万美元

年度＼项目	美国对外投资	海外对美投资
2001	124,873	159,461
2002	134,946	74,457
2003	129,352	53,146
2004	294,905	135,826
2005	15,369	104,773
2006	224,220	237,136
2007	393,518	215,952
2008	308,296	306,366
2009	282,686	152,892
2010	328,905	228,249

资料来源：美国对外直接投资数据http://www.bea.gov/scb/pdf/2011/09%20September/0911_usdia_tables.pdf；海外对美直接投资数据http://www.bea.gov/scb/pdf/2011/09%20September/0911_fdius_tables.pdf。

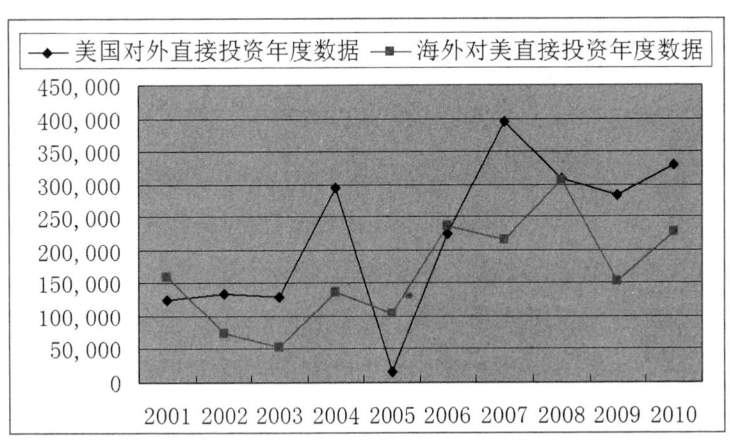

图1-14 美国对外直接投资及海外对美直接投资年度数据走势

六、官方发展援助：国际公共产品供给能力较低

美国作为世界霸权国家，一直把国际公共产品的供给作为霸权维持的方式之一。本节对于美国供给国际公共产品的主要方式——官方发展援助——进行分析。为了尽到国际责任，美国加入了“发展援助委员会（Development Assistance Committee）”，简称DAC，是经济与合作发展组织属下的委员会之一，专门向发展中国家提供援助。

通过表1-6、图1-15和图1-16可以发现，美国在2008年和2009年的官方发展援助数额占国民总收入的比例一直比较低，徘徊在0.20左右，远远低于部分欧洲国家，如瑞典、挪威、卢森堡、丹麦、荷兰等国。

表1-6　DAC成员国官方发展援助比较

单位：百万美元

援助数据 / 国别	2008年官方发展援助额	2008年援助额占国民总收入之比	2009年官方发展援助额	2009年援助额占国民总收入之比
澳大利亚	2954	0.32	2762	0.29
奥地利	1714	0.43	1142	0.30
比利时	2386	0.48	2610	0.55
加拿大	4795	0.33	4000	0.30
丹麦	2803	0.82	2810	0.88
芬兰	1166	0.44	1290	0.54
法国	10908	0.39	12600	0.47
德国	13981	0.38	12079	0.35
希腊	703	0.21	607	0.19
爱尔兰	1328	0.59	1006	0.54
意大利	4861	0.22	3297	0.16

续表

援助数据 国别	2008年官方发展援助额	2008年援助额占国民总收入之比	2009年官方发展援助额	2009年援助额占国民总收入之比
日本	9601	0.19	9469	0.18
韩国	802	0.09	816	0.10
卢森堡	415	0.97	415	1.04
荷兰	6993	0.80	6426	0.82
新西兰	348	0.30	309	0.28
挪威	4006	0.89	4086	1.06
葡萄牙	620	0.27	513	0.23
西班牙	6867	0.45	6584	0.46
瑞典	4732	0.98	4548	1.12
瑞士	2038	0.44	2310	0.45
英国	11500	0.43	11491	0.52
美国	26842	0.19	28831	0.21

资料来源：DAC Members' Net Official Development Assistance in 2009，http://www.oecd.org/document/9/0，3746，en_2649_34447_1893129_1_1_1_1，00.html。

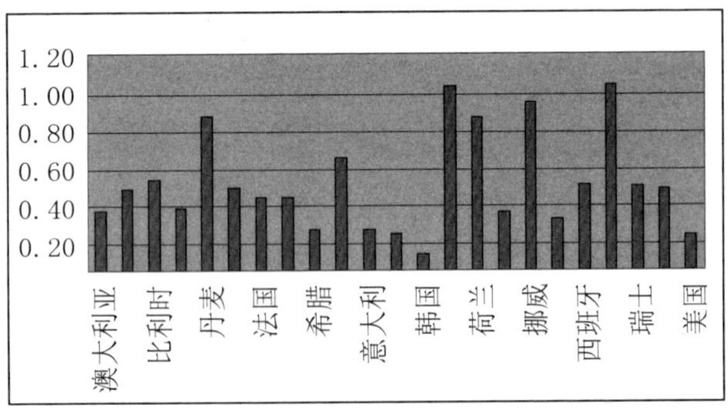

图1-15 2008年援助额占国民总收入之比

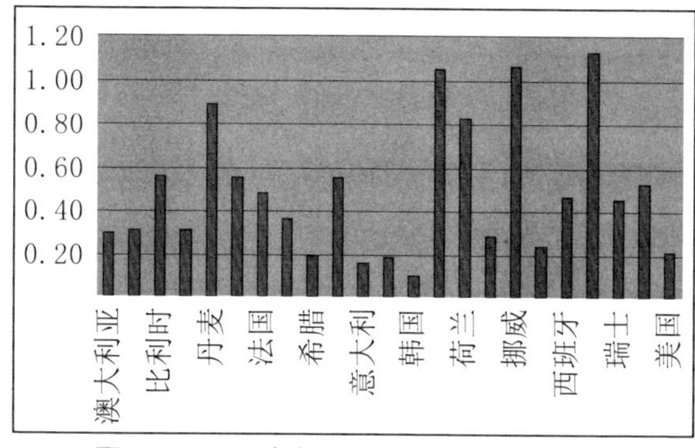

图1-16　2009年援助额占国民总收入之比

小　结

进入21世纪以来，美国在国际体系内的军事成本日益增加，而经济收益日益下滑，国际公共产品供给能力较低。霸权成本在增长，经济剩余日益减少。国际体系中，美国霸权出现了困境。另外，美国霸权地位受到了“金砖国家”等新兴国家的挑战。这都可能使美国国内的经贸自由主义受到保护主义的挑战。

第二章　美国国内政治与对华经贸议题：保护主义的阴云

"低级政治"传统上不属于外交事务范围。随着公民社会日益施加强大的影响，国内事务逐渐国际化，国际事务与国内事务之间的边际逐渐模糊。各种利益集团已经不满足于在幕后推动影响外交政策，而是公开走到政治前台进行游说活动。美国国内各种社会力量在经贸议题上对政府的外交决策不断施加影响，促进国内经济利益和价值利益的实现。

第一节　美国国内主流思想库的观点

本节对美国主流思想库2011年关于中美经贸关系的各种观点进行分析和归纳，试图理解美国思想库的对华经贸政策倾向。分析的思想库包括哈德逊研究所（Hudson Institute）、华盛顿战略和国际问题研究中心（Center for Strategic and International Studies）、兰德公司（Rand）、美国纽约世界政策研究所（World Policy Institute）、美国外交关系协会（Council on Foreign Relations）、布鲁金斯研究院（Brookings Institution）、传统基金会（Heritage Foundation）等。

一、"中国的稀土控制不利于全球经济发展"论

稀土素有工业黄金之称，可以大幅度提高其他产品的质量和性能。中国是稀土资源最为丰富的国家，一直以来是全球最大的稀土资源供应者。中国拥有全球30%左右的稀土资源，但是供应了全球

约90%的稀土需求。中国稀土资源快速下降，最近5年由占全球的43%下降到31%。因此，2010年12月28日，中国商务部实施稀土出口控制，下达2011年第一批稀土出口配额。

表2-1　2011年稀土出口企业名单及第一批与第二批配额安排表

单位：吨

序号	公司名称	第一批配额数量	第二批配额数量
1	中国中钢集团公司	584	666
2	五矿有色金属股份有限公司	747	773
3	中国有色金属进出口江苏公司	493	483
4	广东广晟有色金属进出口有限公司	431	449
5	常熟市盛昌稀土冶炼厂	196	189
6	江苏卓群纳米稀土股份有限公司	251	262
7	江西金世纪新材料股份有限公司	432	
8	内蒙古和发稀土科技开发股份有限公司	750	858
9	江西南方稀土高技术股份有限公司	401	396
10	赣州晨光稀土新材料股份有限公司	374	424
11	赣州虔东稀土集团股份有限公司	329	303
12	有研稀土新材料股份有限公司	333	346
13	益阳鸿源稀土有限责任公司	594	664
14	包头华美稀土高科有限公司	954	1112
15	内蒙古包钢稀土（集团）高科技股份有限公司	740	979
16	甘肃稀土新材料股份有限公司	689	746
17	乐山盛和稀土科技有限公司	750	840
18	阜宁稀土实业有限公司	327	351
19	山东鹏宇实业股份有限公司	709	802
20	赣县红金稀土有限公司	102	158
21	徐州金石彭源稀土材料厂	410	502

续表

序号	公司名称	第一批配额数量	第二批配额数量
22	广东珠江稀土有限公司	166	186
23	江阴加华新材料资源有限公司	481	475
24	溧阳罗地亚稀土新材料有限公司	324	319
25	宜兴新威利成稀土有限公司	440	431
26	包头天骄清美稀土抛光粉有限公司	251	271
27	包头罗地亚稀土有限公司	867	935
28	呼和浩特融信新金属冶炼有限公司	296	301
29	包头华信冶炼有限公司	93	
30	包头三德电池材料有限公司	127	146
31	淄博加华新材料资源有限公司	805	835
32	江西稀有稀土金属钨业集团有限公司		461
33	平远三协稀土冶炼有限公司		75

资料来源：中国商务部公开数据。

哈德逊研究所的约翰·李（John Lee）批评中国的稀土控制政策。他认为之前美国的87%和日本的全部稀土进口均依赖中国。他认为中国国企主导经济命脉不利于全球经济的发展。[①]

传统基金会2011年6月29日举行专题讨论会，认为中国正在把经济发展和国家安全相互混合，这对美国提出了挑战。[②]传统基金会的德里克·希瑟斯（Derek Scissors）则为美国提出应对策略，认为美国应该开放自己的土地使用权，不要控制稀土的土地资源。他认为美国政府的作用是提供稀土信息，进行更多稀土研究和信息公开，而不是具体干预出口，应该把开发权交给企业，否则违背自由

① http://www.hudson.org/index.cfm?fuseaction=publication_details&id=8114.

② http://www.heritage.org/Events/2011/06/China-Challenge.

市场原则会招致全球批评。[①]

二、“中国的政府采购应与民族产业自主创新脱钩”论

世界贸易组织的政府采购协议是一项对签字国提供相互优惠的政府采购协议。签字国共有41国。中国2002年成为该协议的观察员，2007年开始提出加入申请，但是没有被接纳，主要是发达国家的代表认为中国的政府采购主体范围没有把中国地方政府和国有企业包括进来。而美国与西方国家一直想扩大中国政府采购主体的范围，因为中国政府规模大、国有企业多，具有庞大的采购能力。

美国外交关系学会高级研究员亚当·塞加尔和艾拉·李普曼（Adam Segal, Ira A. Lipman）的批评主要针对中国在国内通过倾斜性的政府采购政策支持民族产业自主创新和升级换代。他们认为中国已经意识到目前的经济发展方式不可持续，反复强调开发原创型的技术，提升自己的原创能力。很多美国商界人士认为中国的政策对美国经济具有负面影响。他们还建议美国政府对此高度重视，继续对中国施压，让中国的原创激励政策与中国的政府采购脱钩。他们还认为美国需要借助国际力量，建立国际战线对中国施压，与日本、欧洲等一起采取同一立场。[②]

三、“中国的知识产权保护脆弱”论

美国外交关系学会兼职研究员马修·斯劳特（Mattew. J Slaughter）认为，金融危机后，美国的经济尽管有所复苏，但是就业仍然很脆弱。在知识产权方面，美国对中国有比较优势，但是中

① http://www.heritage.org/Research/Reports/2011/03/Rare-Earths-The-US-Government-Should-Not-Manage-Supply.

② Adam Segal, Ira A. Lipman, “Chinese Technology Policy and American Innovation”, http://www.cfr.org/china/chinese-technology-policy-american-innovation/p25295.

国的知识产权保护很脆弱，美国要继续敦促中国加强保护，以此提高美国的就业状况。他还敦促美国向中国说明，保护知识产权对中国自身也有利。中国如果未来想要成为全球领导者，必须保护创新。[①]美国外交关系学会大卫·亚伯拉罕（David S. Abraham）认为，中国的"十二五规划"明确强调中国要转变经济增长方式，加强技术创新。这对美国和其他国家的公司提出了挑战。美国等国家也要资助本国公司继续开发新技术，而且要做到技术保密，不要泄露到中国市场。这样才会继续保持优势。[②]

布鲁金斯研究院的马丁·内尔·贝利（Martin Neil Baily）则认为，中国的经济发展思路很清晰：从发达国家进口高端技术，学习然后模仿最后自主创新以至于取代发达国家的出口市场。由此，对美国提出以下建议：

1. 美国的贸易赤字不是技术导致的问题，即美国具有技术优势。但是美国必须成为一个经济上具有吸引力的地方，生产更多新产品。美国的问题在于美国开发了很多原创型的新产品，但是不在美国生产，因为美国的成本很高，均把技术出口到新兴国家进行生产。如果人民币汇率能够上升，美国国内生产成本就会下降，美国本土的生产就会增加，出口也会增加。

2. 尽管目前美国具有技术优势，但是从长远来说，当新兴市场国家与跨国企业合作的时候，美国必须与日本、欧洲等具有技术优势的国家联合制定保护技术和专利的规范。美国政府的制裁不再可取，会导致与中国的对抗，世贸组织的作用也很有限。因此，跨国公司应该带头，拒绝与侵犯知识产权的公司合作。

---

① Matthew J. Slaughter, "China, Patents and U.S. Jobs", http://www.cfr.org/intellectual-property/china-patents-us-jobs/p25208.

② David S. Abraham, "China's Bold New Plan for Economic Domination", http://www.cfr.org/china/chinas-bold-new-plan-economic-domination/p25028.

3. 政府应该与企业合作，减少出口壁垒。①

四、"人民币升值缓慢"论

尽管人民币汇率一直在升值，但是美国国内思想库部分观点还希望升值更快。美国外交关系学会伊万·费根鲍姆（Evan A. Feigenbaum）认为中国需要实现经济平衡，需要通过汇率手段达到这一目标。②

美国纽约世界政策研究所的迈克尔·切亚（Michael Cheah）和塞恩·大理（Sean Daly）还有更为直接的观点认为中国应该采取更为强势的货币政策，以此缓解巨额外汇储备，促进经济平衡发展。③

哈德逊研究所的约翰·李则提出不同观点。他认为中国当前的汇率政策是有利于外国公司和美国消费者的。外国公司大多把中国作为加工贸易的中转站，75%的中国进口来自亚洲其他国家和地区，二制成品的60%则出口到欧美。中国工人对产品的附加价值贡献仅有10%~20%。如果中国人民币汇率升值，最终的价格上涨将会传递到欧美的消费者，美国消费者将不会得到廉价消费品。此外，如果中国的人民币汇率升值，生产商可能会去越南、印尼、印度等国家寻求更低的生产成本，这对于美国的就业还是没有任何促进。④尽管如此，约翰·李对于中国的汇率政策承诺还是提出了批评。他认为中国当前的经济引擎仍然是生产性行业，这对于中国的就业很

① Martin Neil Baily, "Adjusting to China: A Challenge to the U.S. Manufacturing Sector", http://www.brookings.edu/papers/2011/01_china_challenge_baily.aspx.

② Evan A. Feigenbaum, "Who Will Win as China's Economy Changes?" http://www.cfr.org/china/win-chinas-economy-changes/p25531.

③ Michael Cheah and Sean Daly, "China Needs a Stronger Yuan", http://www.worldpolicy.org/blog/2011/06/14/china-needs-stronger-yuan.

④ John Lee, "A Strong Yuan, Careful what you wish for", *Bloomberg Businessweek*, Oct. 6, 2011.

重要。而且中国过于依赖廉价的生产成本。这都导致中国不太可能真正实施弹性的汇率政策。①

传统基金会的德里克·希瑟斯（Derek Scissors）认为人民币汇率不是主要问题，主要的是人民币汇率机制。如果美元和人民币均实现了完全市场化，对于世界经济的均衡发展将起到重要作用。为此，他建议美国应该帮助中国逐步开放资本市场，让人民币真正实现国际化。②

美国外交关系学会的兼职研究员史蒂文·杜纳威（Steven Dunaway）提出，中国的汇率政策使中国通过不公平的方式获得了竞争优势和庞大的贸易顺差。中国的汇率政策使得调整全球经济失衡的努力受阻，不利于世界经济实现均衡的和可持续的增长。他认为除非中国采取加快人民币升值的政策，否则美国会认为对抗是中美之间的最佳选择，而且美国会继续推进强硬的贸易政策。③

美国还有学者分析了人民币汇率的政治经济学原因。清华—布鲁金斯公共政策研究中心、布鲁金斯学会外交政策项目非常驻研究员葛艺豪（Arthur R. Kroeber）认为，影响人民币汇率的第一个因素是中国的市场经济政策性质。中国把市场经济当作手段，而不是目标。中国是通过市场这一方式来促进自己的经济发展，尤其是加强中国经济在世界的地位。影响人民币汇率的第二因素是中国的地缘政治经济。中国担心自己像当年日本那样，在西方压力下的升值将会影响自己的发展速度，更会影响自己在区域和世界的地位。葛艺

① John Lee, "China's False Promise", *Wall Street Journal Asia*, Sept. 12, 2011.

② Derek Scissors, "More Important Than the Yuan: Opening China's Capital Account", Feb. 9, 2011, http://www.heritage.org/research/reports/2011/02/more-important-than-the-yuan-opening-chinas-capital-account.

③ Steven Dunaway, "U.S.—China Exchange Rate Thicket", http://www.cfr.org/china/us-china-exchange-rate-thicket/p23822.

豪认为美国的压力难以奏效，因为美国没有什么杠杆可以运用。所以他建议美国政府不要再强调汇率问题，而是要求中国对美国公司扩大市场准入。[①]

战略与国际研究中心的查尔斯·弗里曼（Charles Freeman）等人试图从中国政治决策过程探讨人民币汇率问题。他们的分析认为中国人民银行是一直支持人民币稳步升值的，中国商务部则力图阻止人民币升值过快。这种对立观点影响到中国高层的决策。[②]

五、国际经济体系："中国削弱美国利益"论

美国思想库部分观点认为中国正在国际经济体系中扩大自己的存在，并在削弱美国的经济利益，建议美国和中国竞争。

哈德逊研究所的杰米（Jaime Daremblum）认为中国在拉美迅速扩张经济存在，美国奥巴马政府应该像前几任美国总统那样，也要重视拉美。[③]

哈德逊研究所的理查德·维兹（Richard Weitz）认为中国迅速的经济崛起加深了东盟对中国的经济依赖。但是东盟内在的脆弱性如结构的松散型、没有联盟军队等都给中国"威胁"东盟提供了机会。所以，建议东盟在军事上依赖美国。[④]

战略和国际问题研究中心的伯尼·格拉塞尔（Bonnie S. Glaser）提出美国的对华政策源于中国对美国权力的评估。如果中国领导人

① Arthur R. Kroeber, "The Renminbi: The Political Economy of a Currency", Sept. 7, 2011, http://www.brookings.edu/papers/2011/0907_renminbi_kroeber.aspx.

② Charles Freeman, Wen Jinyuan, "China's Exchange Rate Politics", June 16, 2011, http://csis.org/publication/chinas-exchange-rate-politics.

③ Jaime Daremblum, "The Chinese Dragon Sweeps Through Latin America", http://www.hudson.org/index.cfm?fuseaction=publication_list&tag=China&pubType=Archives。

④ Richard Weitz, "Nervous Neighbors: China Finds a Sphere of Influence", http://www.hudson.org/index.cfm?fuseaction=publication_list&tag=China&pubType=Archives.

认为美国的优势将是长期的，就会避免对抗；如果认为美国实力下滑，就会挑战美国利益。所以建议美国确保自己在亚洲的领导地位，是确保中国和平崛起的关键。①

六、中国的经济问题

2011年6月22日，李侃如在其新书发布会《管理来自中国的挑战》时谈到了中国的问题。他从中国的政治系统分析了中国的成功和问题。中国存在中央、省、市、县等多级政治系统。中央考查地方或上级考查下级的主要方式就是GDP的增长。对于获得高增长的地方或者下级给予升职。所以地方或者下级往往会超过中央定的目标而实现超额增长。这自然促进了中国的经济繁荣，但是也导致了发展模式的不可持续。②

哈德逊研究所的约翰·李认为，中国在2008年之后为了提振经济，将绝大部分金融资本注入国有企业，这是不可取的做法。国有企业基本上垄断了建筑、能源、重工业和电信等领域。这一庞大的融资导致了通货膨胀、房价上涨等问题。中小企业无法得到融资，对于就业机会的提升意义不大。③

七、双边经贸关系："审慎维护"论

布鲁金斯研究院的埃斯瓦尔·普拉萨德（Eswar Prasad）提出了比较中肯的观点："中国指责美国采取不负责任的货币政策，伤及其他国家，从而成功地在全球经济失衡问题上取得制高点；许多新

① Bonnie S. Glaser, "A Shifting Balance: Chinese Assessments Of U.S. Power", June 17, 2011, http://csis.org/publication/shifting-balance-chinese-assessments-us-power.

② http://www.brookings.edu/search.aspx?doQuery=1&q=China+daterange%3a2011-01-01..2011-08-07&start=0&num=10&requiredfields=bi_id.

③ John lee, "China's State-Owned Billionaires", *Washington Times*, Sept. 22, 2011.

兴市场都受到了来自美国和其他发达经济体的低息资本的冲击，而中国的这种观点也得到了这些市场的响应。另外，中国还利用其经济实力与多个发达经济体和新兴经济体结成了伙伴关系，这些经济体支持中国政策，将中国经济的强劲增长视为其自身增长的重要因素。”

“美国指责中国的货币政策是其贸易赤字和全球国际收支失衡的主要原因，这种政策之下，中国央行强力干预外汇市场，从而防止人民币对美元和其他货币升值。另外，美国还有很多其他关切，比如中国政府阻止美国制造商和金融机构进入其快速增长的市场、对中国出口商进行高额补贴以及通过其支持本土创新的政策（在政府技术设备采购中偏向中国企业）和缺乏力度的知识产权保护伤害美国制造商。”

尽管如此，两国仍需审慎维护双边关系，通过管理好紧张关系的源头并强调相互合作的长期利益，确保双方任何一方都不因一时的国内政治形势而背离理性的集体决策。[①]

德里克·希瑟斯则提出了具体的政策建议。1. 减少关于中国的单方面报道，应该多方面和客观地予以报道；2. 减少“中美战略与经济对话”中有关反腐败工作小组的对话，增加中美商贸联委会的对话平台，尤其增加这一平台下关于工商合作和竞争政策的对话；3. 把主要关注点放在最需要解决的问题上和具有明确战略目标的问题上，如知识产权和投资议题；4. 加强高层在对话平台上协调，如通过领导人予以协调。

① Eswar Prasad，“Rebalancing the U.S.-China，Relationship”，http://www.brookings.edu/opinions/2011/0113_us_china_prasad.aspx?sc_lang=zh-CN.

八、"中国补贴论"

尽管大多数声音认为中国的汇率政策导致了美国就业机会减少，将美国高失业率的原因归因于中国人民币汇率。但是也有部分学者从其他角度予以分析。德里克·希瑟斯提出真正影响美国就业的不是人民币汇率，而是中国的补贴政策。他认为中国的补贴政策导致投资与消费出现了巨大的失衡，这种失衡逐步产生国际影响，无助于全球经济复苏。德里克·希瑟斯认为美国现在需要从以下几个方面做出努力。1. 美国应该确定中国的补贴幅度。2. 基于明确的补贴数据，美国可以利用"中美战略与经济对话"以及其他论坛向中国提出客观和具体的建议。3. 美国国会没有必要继续在汇率问题上施压中国，立法也不会有结果。美国现在真正要做的事就是要求美国财政部立即告知中国，将补贴问题列入2012年的"中美战略与经济对话"议程。①

九、中国在美投资的投机

随着中国经济加速发展，中国在美投资也日渐增多。这引发了美国部分人的担忧，担心中国投资美国的背后具有中国国家战略意图，担心中国是为了获取美国的能源和技术来增强中国经济发展的能力。查尔斯·弗里曼等对中国政府在投资中的作用进行了分析。分析认为，中国企业在美投资主要出于商业目的，即使是中国国有企业也把盈利目的放在首位。此外，中国政府的对外投资决策还受到公众舆论的影响。如果中国国有企业在海外投资失败，中国国内舆论将会加以批评。弗里曼等提醒美国应该注意到公众舆论尤其是

① Derek Scissors, "The Facts about China's currency, Chinese Subsidies and American jobs", Oct. 4, 2011, http://www.heritage.org/research/reports/2011/10/the-facts-about-chinas-currency-chinese-subsidies-and-american-jobs.

网络媒体在中国决策中的影响力，加强公共宣传。①

十、思想库关于美国对华政策的建议："现实主义"论

2011年，美国思想库在美国对华政策的建议方面总体上表现强硬，主流声音均要求美国对华全方位施压。

沈大伟认为，中国国内对中国在国际社会的地位和作用有多种认同。对于中国的民族主义情绪，美国不应该挑动这根神经；中国的"大国观"者主要认为美国对中国的利益很重要，但是不信任美国。中国的"亚洲优先论"者最近受到重创，美国则在中国边缘加强了联系。"南方论"者也是中国的主要观点之一，认为世界的南方对中国很重要，是中国的传统地带。沈大伟认为南方地带也是中美之间竞争的中间地带，美国应该加强存在。"多边主义论"者在中国近来市场有限，仅仅在对中国有利的时候中国才利用，所以美国不能太天真依赖中国解决朝核问题。全球主义最近在中国更加没有市场了，美国需要敦促中国承担国际责任。鉴于此，沈大伟认为中国已经是现实主义主导的外交政策。美国也需要用现实主义回应：在西太平洋加强军事存在，在中国边缘地带加强盟友关系；实施强硬的经贸政策等。②

传统基金会的沃尔特·洛曼（Walter Lohman）认为2011年美国从以下几个方面对中国加紧了施压：积极推动"跨太平洋贸易与投资伙伴关系计划"（Transpacific Partnership on Trade and Investment）；美国总统奥巴马第一次参加东亚峰会，强调该地区的海洋安全与通航自由；扩大在澳大利亚的军事存在；希拉里明确承诺对菲律宾予

① Charles Freeman, Wen Jinyuan, "China's Investment in the United States", Nov. 8, 2011, http://csis.org/publication/chinas-investment-united-states.

② David Shambaugh, "Coping with a Conflicted China", http://twq.com/11winter/docs/11winter_Shambaugh.pdf.

以支持。沃尔特·洛曼还建议美国未来继续从多方面继续对中国施压：1. 考虑到美国在亚太的利益可能受到中国的挑战，美国未来不能削减军费；2. 美国海军一直在确保海洋自由，未来应该继续在中国领海附近行必要的演习、军事侦察和情报收集活动；3. 向菲律宾提供其所需的一些支持；4. 积极把日本拉入“跨太平洋伙伴关系计划”；5. 立即结束售武争议和谈判，积极推动向台湾出售武器。①

还有部分观点力主美国加强在亚太地区的合作与结盟关系。布鲁斯·克林纳（Bruce Klingner）力主提升韩国在美国战略中的地位。美韩关系不能仅仅停留在过去的半岛安全这一层面，还要提升到美国在亚太地区安全与全球安全的高度。美韩之间应该建立战略的、多层面和基于共同价值的盟友关系。②

美国传统基金会还有部分学者提出联合建议，倡议美国、澳大利亚和印度结成“印度洋—太平洋合作”关系。倡议者提出，随着中国在南中国提出“核心利益”的概念，以及中国在南亚和东南亚的港口建设中日渐活跃，美国、印度和澳大利亚有必要建立“印度洋—太平洋合作”关系。另外，中国与巴基斯坦的军事合作以及中国与朝鲜的关系等均给美国、印度和澳大利亚带来担忧。这都是上述三国跨洋合作的理由。③

① See Walter Lohman, “Follow Through on Obama’s Successful Asia Swing Critical”, Nov. 23, 2011, http://www.heritage.org/research/reports/2011/11/follow-through-on-obamas-successful-asia-swing-critical.

② See Bruce Klingner, “The Expanding U.S.—Korean Alliance: Protecting freedom and Democracy in Asia”, Nov. 12, 2011, http://www.heritage.org/research/testimony/2011/11/the-expanding-us-korea-alliance.

③ See Lisa Curtis, Walter Lohman, Rory Medcalf, Lydia Powell, Rajeswari Pillai Rajagopalan, Ph.D. and Andrew Shearer, “Shared Goals, Converging Interests: A Plan for U.S.–Australia–India Cooperation in the Indo–Pacific”, Nov. 3, 2011, http://www.heritage.org/research/reports/2011/11/shared-goals-converging-interests-a-plan-for-u-s-australia-india-cooperation-in-the-indo-pacific.

也有观点认为尽管美国庞大的贸易赤字与中国有关，但单纯要中国调整经济和出口战略还不够，美国还需要对自己的经济进行调整，做到少消费，多储蓄。①

第二节　美国涉华经贸利益集团的游说

“美国分散而多元的政治体制允许各社会团体为自身的利益游说政府，利益团体对政府的合法游说便成为美国政治中的一个基本特征。”②本节主要分析和归纳美国涉华经贸团体的游说行为。

一、涉华经贸议题的美国利益集团

在中美贸易议题上，很多利益集团就美国对华进口向美国商务部和美国国际贸易委员会申请反倾销和反补贴调查。2011年申请对中国进行反倾销和反补贴调查的主要利益集团众多。

表2-2　美国申请对华进行反倾销和反补贴调查的主要利益集团

1	Maverick Tub
2	US Steel
3	EVRAZ Rocky Mountain Steel
4	United Steel, Paper, and Forestry, Rubber, Manufacturing, Energy, Allied Industrial and Service Workers International Union
5	American Wire Producers Assn
6	Appleton Paper
7	Newpage Holding

① Joshua Meltzer, “The U.S. Trade Deficit, China and the Need to Rebalance Growth”, http://www.brookings.edu.

② 郝雨凡、张燕冬：《无形的手——与美国中国问题专家点评中美关系》，北京：新华出版社，2000年，第117页。

续表

8	TMK IPSCO
9	Aluminum Extrusions Fair Trade Committee
10	Timken Co
11	General Motors
12	United Steelworkers
13	Globe Metallurgical
14	Retail Industry Leaders Assn
15	National Retail Federation
16	AK Steel Holding Corp
17	National Chicken Council
18	Corning Inc

资料来源：根据Opensecrets提供的数据进行整理：http://www.opensecrets.org。

二、利益集团的游说费用[①]

各个利益集团通常为了获得利益最大化而向国会议员进行游说。有的通过游说公司进行游说，有的通过行业协会进行游说，有的则委托别的机构进行调查提交报告。

表2-3 主要涉华利益集团最近几年的游说费用

单位：美元

名称＼年度	2006	2007	2008	2009	2010	2011
Maverick Tub			40,000	20,000		
US Steel	6,100,000	4,940,000	4,930,000	3,800,000	3,260,000	2,420,000
EVRAZ Rocky Mountain Steel				45,000	45,000	50,000

① 根据Opensecrets提供的数据进行整理：http://www.opensecrets.org。

续表

年度 名称	2006	2007	2008	2009	2010	2011
United Steel, Paper, and Forestry, Rubber, Manufacturing, Energy, Allied Industrial and Service Workers International Union	140,000	480,000	480,000	580,000	570,000	510,000
American Wire Producers Assn			10,000	10,000	10,000	20,000
Appleton Paper		80,000				
Newpage Holding				320,000	650,000	150,000
TMK IPSCO		100,000				
Aluminum Extrusions Fair Trade Committee					10,000	50,000

从上述游说费用可以发现，近年来，美国钢铁业和造纸业等领域的游说力量很雄厚。

第三节　美国公众舆论的保护主义情绪

舆论在美国对外政策上具有重要作用。美国社会公众在不同的议题上会形成舆论引导者，他们通常是政界的要人、商界名流、著名媒体评论人、权威的专业人士以及社会知名人物。他们引导着热心的公众塑造社会共识。

美国盖洛普公司对于美国公众的贸易态度进行调查，发现了以下变化趋势：美国公众把贸易当作机遇的人逐渐减少，把贸易当作威胁的人逐渐增加。

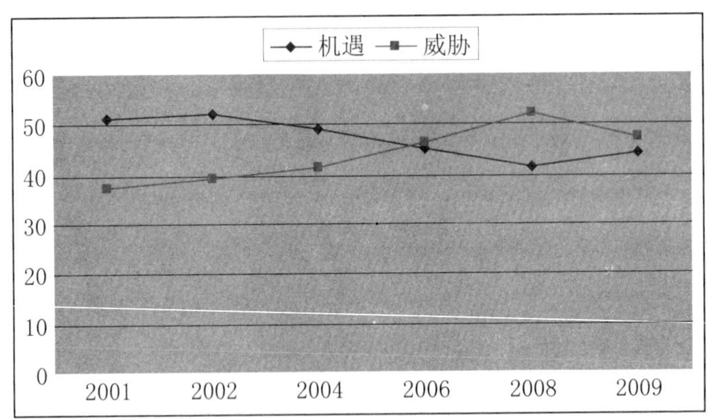

图2-1 美国公众的贸易态度[①]

皮尤公司2011年关于美国人对中国的态度进行了调查，其中关于经贸议题，大多数美国人认为美国应该对中国更加强硬：53%的受访者认为对中国强硬非常重要，其中共和党占54%，民主党占52%；32%认为有些重要；11%的受访者认为不必要对中国强硬。在此份报告中，22%认为中国是对手，43%认为中国不是对手，只是对美国而言是一个严重的问题，27%认为对美国不是一个问题。[②]

由此可以发现，美国公众舆论对贸易的负面印象较多，认为贸易是威胁的人数逐渐上升。美国公众在经贸议题上对中国的态度比较强硬。公众的情绪酝酿了美国对华经贸保护主义。

① 根据盖洛普的调查数据整理：http://www.gallup.com/poll/115240/Americans-Negative-Positive-Foreign-Trade.aspx#1。

② 数据库来自皮尤公司的调查：http://people-press.org/2011/01/12/strengthen-ties-with-china-but-get-tough-on-trade/1/。

第四节　美国国会的议题倾向

美式民主制度的一大典型特征就是权力分立。美国在立国的时候就追寻西方社会自古信奉的目标：建立一个维护稳定和秩序的政府，但是要对其进行权力限制以防止暴政。这一目标要求政府的形式、程序和机构安排都要对政府权力进行限制，并满足共同体的政治权利和正义的观念，也就是我们称之为宪政主义的观念。[①]宪政主义在外交上体现为政府和官员不能够垄断外交决策权和解释权。美国的三权分立制度以及社会对外交决策的影响都有力地证明了美式制度的复杂性。美国的三权分立制提供了权力制衡的基础。“但是三权分立只是机构的分立而非政府权力的分离，行政机构和立法机构分享和行使着权力。”美国国会在经贸议题上分享决策权。本部分将分析和归纳国会在对华经贸议题上的倾向。

一、美国国会在贸易救济议题上的议案数目[②]

贸易救济一直是国会关注的主要议题。随着美国连年贸易逆差，美国国会一直重视对国外输美产品实施反倾销调查、反补贴调查和保障措施，并对美国知识产权予以保护。表2-4列出了美国国会在这一议题的议案数目。

表2-4　2006—2010年美国国会的议案数目

年度	众议院	参议院	众议院筹款委员会	参议院财委会	众议院（中国）	参议院（中国）
2010	15	10	3	3	6	3
2009	31	12	1	2	14	1

① 金灿荣：《美国对外政策的国内政治背景》，载《世界知识》，1997年第18期，第30页。
② 根据美国国会议案进行整理：http://thomas.loc.gov。

续表

年度	众议院	参议院	众议院筹款委员会	参议院财委会	众议院（中国）	参议院（中国）
2008	15	9	1		7	3
2007	20	13	5	5	9	3
2006	33	15	1		8	1

资料来源：根据美国国会议案进行整理：http://thomas.loc.gov。

上表可以看出，在贸易救济议题上，美国众议院的保护主义胜于美国参议院，无论是整个贸易救济议案的总数还是针对中国的贸易救济议案都体现了这个特点。这也符合美国国会两院的政治特征：众议院代表基层选民，主要关注选民的议题；参议院代表州的利益，更加关注国家的整体利益。

二、美国国会2011年关注的主要议题

美国众议院和参议院各有自己的关注议题。在2011年，两院共同关注的有"对外国持有美债的威胁进行评估"，说明国会的重点关注是美债以及相关的国家经济安全问题。此外众议院很关注中国的政府采购议题，而参议院关注碳排放问题和汇率监督问题。具体内容见下表：

表2-5　众议院关注议题

议案代号	标题
H.R. 2271	美国不能和中国签署协议，除非中国同意在世贸组织政府采购协议上签字
H.R.2166 IH	对外国持有美债的威胁进行评估
H.R.375	美国政府年度内采购的中国商品价值不能超过中国政府前一年度内采购的美国商品总价值
H.R.2909	中国紧急贸易法

续表

议案代号	标题
H.R.3375	美国应该对中国违反知识产权给美国企业带来的损失进行预评估，并对中国征收与美国损失额同等的关税

资料来源：根据美国国会议案进行整理：http://thomas.loc.gov。

表2-6　参议院关注议题

议案代号	标题
S.1028.IS	对外国持有美债的威胁进行评估
S.15.IS	中、俄、印不减少碳排放，美国就不要调整碳排放
S.1619.ES	2011年货币汇率监督改革法案

资料来源：根据美国国会议案进行整理：http://thomas.loc.gov。

（一）中国的政府采购议题

政府采购协议是世贸组织41个成员国之间的多边协议，在市场准入方面为某些政府采购项目提供互惠条件。中国2002年成为该协议委员会的观察员，2007年提交加入申请。美国认为中国的加入申请不可接受。2010年中国再次提出申请，仍然为各国所不能接受，因为中国的政府采购申请没有包括地方政府、省级政府和国有企业。美国国会敦促中国改变这些做法。除非中国获得资格签署该协议，否则美国企业不能和中国实体签署部分采购合同。[①]

中国已经在国内鼓励创新，并把自己国内的政府采购与创新相挂钩，即鼓励本国政府采购自有知识产权的产品，此外，美国企业不能获得中国政府采购的合同，但是中国企业可以获得美国政府的采购合同，由此，美国应该限定采购的价值总额。2012年开始，每年的3月31日之前商务部必须向国会提交报告，汇报前一年度中国

① 众议院议案 H.R. 2271。

政府是否禁止中国的政府部门采购美国的商品；如果中国政府没有禁止，美国国际贸易委员会就要确定中国政府采购的价值是多少；如果商务部确定中国政府有禁止行为，美国政府任何部门都不能在下一年采购中国的产品。国际贸易委员会在对具体数额进行确定后，还需要在联邦公报上予以公告。[①]

（二）"中国持有美国国债威胁美国安全"

到2011年年中，美国的债务已经达到143,450亿美元。2011年3月，外国持有的债务已经达到31,750亿美元。中国是最大的持有者，达到11,440亿美元。中国的持有能力将会增强其军事能力和对美国的威胁能力。中国军方多次表示要把持有美债作为一种武器对美国进行威胁，美债已经被部分中国军方人士当作"威慑"的工具。美国政府要为这笔巨大的美债向中国支付大量的利息，会被中国用来支持军方。中国近年不断提高军费开支就是明证。所以美债危害美国国家安全和经济稳定；美国也日益变得脆弱，容易受到外国持有者的影响；中国有可能主导美国的政策决策。由此，美国总统应该每三个月向国会提交一份季度报告，汇报美债的具体数据，汇报外国持有者的具体数据，还要分析该国持有美债的目的，分析对美国经济稳定和国家安全的风险。[②]

（三）2011年货币汇率监督改革法案

美国国会参议院2011年10月11日以63票赞成、35票反对的投票结果，通过了《2011年货币汇率监督改革法案》。该法案要求美国政府对所谓"汇率被低估"的主要贸易伙伴征收惩罚性的关税。这一法案引发广泛关注，并饱受争议。众多声音认为该法案主要是

① 众议院议案H.R.375。

② 众议院议案H.R.2166 IH；参议院议案S.1028.IS。

针对中国。[①]

（四）中国紧急贸易法案

2011年9月，众议院提出该法案。该法案认为，鉴于美中贸易之间的巨额赤字，美国应该终止给予中国产品正常的贸易待遇，美国政府应该立即与中国展开谈判，实现均衡的贸易关系。[②]

（五）知识产权问题

2011年11月4日，美国众议员提出议案，要求美国总统对中国违反知识产权给美国企业带来的损失进行评估，并对中国征收与美国企业损失额同等的关税。议案要求美国贸易代表每年评估美国企业的损失，并向国会提交年度报告。根据报告的评估，美国向中国征收关税，并将这些税收作为收益分发给受到损失的企业作为补偿。

小　结

美国思想库、利益集团、公众舆论和美国国会在对华经贸关系中关注的领域比较广泛，涉及贸易、金融、投资、政府采购、知识产权保护、美国国债等多个方面。他们的观点与行为表明美国国内社会在对华经贸议题上主要是保护主义氛围比较浓厚。

① 参议院议案S.1619.ES。
② 众议院议案H.R.2909。

第三章　美国行政部门对华经贸的政策理念

美国作为一个世界大国和强国，对国际体系的变化非常敏感，决定美国对外政策的因素必定离不开国际体系。但是美国政治体制又决定了国内政治也是影响美国对外政策的重要因素。二者之中偏废任何一者都不可取。在美国对外经贸政策中，国内政治和国际政治通常交织在一起。美国行政部门使自己能够最大化地满足国内压力需求，同时也使来自外部的负面影响最小化。面对国际体系中霸权成本日益增加，而经济收益在减少，况且国内保护主义思潮浓厚，美国行政部门2011年在对华经贸议题上提出和制定了以下政策理念。

第一节　美国对华贸易政策目标：实现贸易平衡

一、2010—2011年中美之间的贸易现状①

在美国对华出口方面，2010年中国成为美国第三大出口市场。美国对华出口达到历史性的919亿美元，比2009年上升了32.2%。美国对华出口占美国全部出口的7.2%。美国对华主要出口产品包括以下几个大类：电机类（115亿美元）；机械类（112亿美元）；各种谷物、水果类（110亿美元）；航空类（58亿美元）；光学和医疗器械类（52亿美元）。

2010年中国也成为美国最大的农产品出口市场，美国对华农产品出口额达到175亿美元。主要包括以下几个大类：大豆类（108亿

① 本节的数据来源于美国贸易代表办公室网页：http://www.ustr.gov/countries-regions/china。

美元)；棉花(22亿美元)；皮革类(9.52亿美元)；动物饲料(7.36亿美元)。

在中国对美国出口方面，2010年美国成为中国最大的出口市场。美国从中国进口达到3650亿美元，比2009年增长23.1%。美国从中国进口占全部进口的19.1%。五大主要进口类产品包括：电机类(908亿美元)；机械类(827亿美元)；玩具和体育用品(250亿美元)；家具和床上用品(200亿美元)；鞋类(159亿美元)。

美国从中国进口的农产品2010年达到34亿美元，中国成为美国第三大农产品供应商，产品包括：经过加工的水果和蔬菜(8.11亿美元)；水果和蔬菜汁(3.86亿美元)；零食(1.9亿美元)；鲜蔬菜(1.32亿美元)。

二、美国对华贸易政策理念：实现贸易平衡

通过以上数据，发现2010年美国对华贸易赤字达到2730亿美元。正是因为如此，美国努力实现中美贸易的平衡增长。

2011年1月，中国国家主席胡锦涛访问美国，中美双方认识到"开放的贸易和投资对促进经济增长、创造就业、创新和繁荣的重要意义，重申将采取进一步措施推进全球贸易和投资自由化，反对贸易和投资保护主义。双方也同意愿本着建设性、合作性和互利性的态度，积极解决双边贸易和投资争端"。[①]

2011年5月9日，美国总统奥巴马会见美中战略与经济对话代表时敦促中国实施有助于可持续增长和全球均衡增长的政策，并敦促中美双方实现均衡的双边关系。[②]同日，美国副总统拜登出席美中

① 白宫新闻秘书办公室：《中美联合声明》，2011年1月19日。

② 白宫新闻秘书办公室：http://www.whitehouse.gov/the-press-office/2011/05/09/readout-presidents-meeting-co-chairs-us-china-strategic-and-economic-dia。

战略与经济对话开幕式时也强调中国应实现可持续增长和均衡增长的政策。[①]

三、美国出口战略的调整

（一）“国家出口战略”

为了实现平衡增长，美国在出口方面实施了“国家出口计划”。2010年1月27日，美国总统奥巴马在国情咨文中宣布“国家出口计划”，提出未来五年将使美国出口翻番，将创造2000万个就业机会。2010年3月11日，奥巴马颁布13534号行政命令，成立了出口促进内阁，包括以下部门：国务院、财政部、农业部、商务部、劳工部、交通部、管理与预算办公室、美国贸易代表办公室、总统经济政策助理、国家安全顾问、经济顾问委员会、美国进出口银行、中小企业管理委员会、海外私人投资公司、美国贸易与开发署。由各个部门的领导组成出口内阁的核心成员。该内阁将与贸易促进协调委员会（Trade Promotion Coordinating Committee）合作，致力于完成以下目标：

1）促进中小企业出口，具体通过提供信息、技术援助和在国际市场寻找机会等；

2）提供联邦政府在出口方面的援助；

3）商务部应该与州和地方政府合作，向他们提供支持；

4）确保美国的商务战略能够有效实施；

5）进出口银行向中小企业提供出口信贷；

6）财政部应该通过G20峰会等国际机制促进宏观经济再平衡；

7）美国贸易代表应该采取措施为美国产品进入国外获得市场

① 副总统办公室：http://www.whitehouse.gov/the-press-office/2011/05/09/remarks-vice-president-joe-biden-opening-session-us-china-strategic-econ。

准入；

8）该内阁应该提出一套框架，包括具体的政策和方法。[1]

为了落实“国家出口计划”，贸易促进协调委员会制定了“2011国家出口战略”，提出在2011年主要加强以下措施：

与州等地方政府以及非营利组织合作，创造更多出口机会；

鼓励高增长领域的美国公司出口，可以迅速创造就业机会；

提高财政预算，鼓励出口；

在服务业领域的出口方面，争取获得更准确的数据和评价方式；

争取国会批准与韩国、加拿大和巴拿马的自由贸易协定，以此扩大美国出口。[2]

（二）力促对华出口

为了实施“国家出口计划”和“2011国家出口战略”，美国力促对华出口。

在2011年1月胡锦涛主席访美期间，美国推动对华出口，达成了以下交易：价值190亿美元的波音飞机；70项合同涉及从美国12州总共进口250亿美元，其中既有汽车部件，也有农产品、机械和化工等。此外，还签署了11项投资合同，价值32.4亿美元。其他交易120亿美元，其中出口9亿多美元。这些交易涉及美国对华出口超过450亿美元，大约为美国创造23.5万个就业机会。受益的既有

① 美国国家出口计划：http://www.whitehouse.gov/the-press-office/executive-order-national-export-initiative。

② 多哈回合以来，美国已经与17个国家缔结了双边自由贸易协定，这些国家是：澳大利亚、巴林、加拿大、智利、哥斯达黎加、多米尼加共和国、萨尔瓦多、危地马拉、洪都拉斯、以色列、约旦、墨西哥、摩洛哥、尼加拉瓜、阿曼、秘鲁和新加坡。美国还签署了与哥伦比亚、韩国和巴拿马的双边协定，等待国会的批准。

美国大企业，也有中小企业。[①]

除了上述交易，美国还在以下经贸议题上敦促中国作出承诺：[②]

1）敦促中国承诺加强知识产权保护。为此，美国希望中国确保在政府部门运用合法软件，给予政府部门专门预算、对运用合法软件进行审计并出版审计结果；鼓励私营企业和国有企业运用合法软件。美国还敦促中国打击利用网络侵犯知识产权者，加强打击盗版，加强图书馆的知识产权保护。

2）敦促中国消除歧视性的创新政策，具体包括：政府采购不得基于产品和服务的知识产权开发与维护；不能歧视具有创新性的外国产品；中国应把创新政策与政府采购脱钩；中国将消除歧视性的自主创新标准，确保不把这一标准用于进口替代、出口补贴，也不在中国政府项目中歧视美国制造的产品；美国期待中国未来的"3G"和未来技术发展没有歧视性的技术和标准；美国期望中国在开发智能电网方面对外国公司的参与没有歧视，期望中国纯粹是商业标准的考虑。

3）敦促中国作出承诺，扩大对美国制造业产品、服务业和农产品的市场准入；中国承诺加入世界贸易组织《政府采购协议》，采购主体不仅包括中央政府还有次中央级的实体。中国中央政府的采购每年估计超过880亿美元。中国将扩大对美国农产品进口。

在《中美联合声明》中，中国也承诺：中方将坚持保护知识产权，包括进行审计以确保各级政府机关使用正版软件，并依法公布审计结果。中国的创新政策与提供政府采购优惠不挂钩。

2011年5月份举行的"中美战略与经济对话"中，美国敦促中

① 白宫新闻秘书办公室：http://www.whitehouse.gov/the-press-office/2011/01/19/fact-sheet-us-china-commercial-relations。

② 白宫新闻秘书办公室：http://www.whitehouse.gov/the-press-office/2011/01/19/fact-sheet-us-china-economic-issues。

国落实胡锦涛主席访问美国时所作的上述承诺。中方明确表示将采取如下具体措施：[①]

1）落实保护知识产权。中国承诺提高其高层次和长期的知识产权保护和落实机制；中国承诺加强政府监督机制，确保各级政府使用的软件合法。

2）中国承诺公平竞争。中国将修订政府采购实施条例第9条，落实把政府采购意向与中国政府创新政策相脱钩的承诺。

3）中国承诺对国企、私企和外企同等待遇。

4）提供出口信贷方面应具有透明度和公平性。

5）中国将把所有与经贸相关的行政法规通过中国国务院法制事务办公室予以公布，做到公开透明。

另外，中国将在未来五年把服务业占经济比重提高4个百分点，进一步向美国和其他国家开放服务业。

四、美国进口战略的调整

（一）"贸易法规落实计划"

为了支持美国政府的"国家出口计划"，2010年8月26日，美国商务部宣布了14项"贸易法规落实计划"的建议，对进口加强管理。目的是收集公众意见，进行讨论后再具体予以落实。这14条建议如下：[②]

1）反倾销调查中，将扩大使用随机抽样的范围和数量，取代只调查大型出口商的做法；

2）强化目前商务部在涉及非市场经济体的案件中给予反倾销单

① 美国财政部新闻中心网页：http://www.treasury.gov/press-center/press-releases/Pages/TG1172.aspx。

② 商务部网站：http://www.commerce.gov/news/press-releases/2010/08/26/obama-administration-strengthens-enforcement-us-trade-laws-support-pr。

独税率的措施；

3）阐明商务部在涉及非市场经济体案件中有关倾销幅度计算的现行措施：当商务部以进口价格衡量生产要素的价值时，进口价格应该包括所有的运费和手续费；

4）阐明商务部在涉及非市场经济体案件中现行措施：要求公司呈报所有设施生产全部产品所投入的资源，而不是只呈报输美产品的相关内容；

5）阐明商务部现行的反补贴税措施：当国有企业得到政府的补贴时，应构成一个特别的组别；

6）对非市场经济体实施反倾销税裁定时，重新考虑如何处理当中涉及的出口税和增值税；

7）在非市场经济体的个案裁定中，加强对中间商和未经复核的人士的处理方法，以确保他们全额支付反倾销税；

8）采用新方法评估非市场经济体劳工的工资，以获得他们的劳工成本；

9）撤销以下措施：个别公司如能证明连续3年在反倾销和连续5年在反补贴中其倾销差价和补贴率为零，便获准要求免受反倾销税和反补贴税令的限制；

10）对非市场经济体收紧下述规则：何时以商务部对生产资源的标准估价代替购自市场经济体该生产要素的价格；

11）商务部将考虑，是否在公布肯定性初裁之后，规定进口商提交现金保证而不是保证；

12）加强向商务部提交事实材料的核证程序；

13）加强对在商务部席前执业的律师和非律师人员的问责；

14）缩短反倾销和反补贴案件中递交新事实资料的期限。

上述14条建议公布后，面向公众进行咨询，然后确定具体的政策措施。

（二）加强贸易法规实施的措施

2010年11月，美国商务部公布了三项关于加强贸易法规实施的公告，作为实施一揽子措施的一部分：①

在反补贴调查中，将国有企业视为一组企业，提供给国有企业的补贴将被视为“专项性补贴”；

计算反倾销中的非市场经济国家的替代国价值时，国际运费、国外经纪费用和手续费纳入进口价格予以计算；

在涉及非市场经济体的反倾销调查和复核时，要求公司呈报所有设施生产全部产品所投入的资源，而不是只呈报输美产品的相关内容。

第二节　财政金融领域美国对华政策理念

一、财政议题：“美国国债安全”

中美两国之间在财政金融领域的主要议题是中国持有的大量美国国债和人民币汇率之争。

2011年7月，美国财政部公布了截至2011年5月美国的债务数据，美国国债总额已经超过14万亿美元，其中，中国已经持有美国国债1.16万亿美元，中国持有美国国债占美国国债总数约8%。而海外持有美国国债的总数为4.514亿美元。

表3-1　截至2011年5月前十位美国国债持有者

社保基金	2.67万亿美元
美国财政部	1.63万亿美元

① 资料来源：http://ia.ita.doc.gov/tlei/。

续表

中国	11598亿美元
美国家庭	9594亿美元
日本	9124亿美元
国家和州政府	5061亿美元
私人养老基金	5047亿美元
英国	3465亿美元
货币市场互助基金	3377亿美元
国家、地方和联邦退休基金	3209亿美元

资料来源：美国财政部网站：http://www.treasury.gov/resource-center/data-chart-center/tic/Documents/mfh.txt。

2011年5月，美国债务上限已经到顶。按照相关规定，美国国会必须在2011年8月2日之前就提高债务上限达成一致，否则美国政府将缺乏足够现金，美国国债将面临违约风险。美国国会两党就围绕提高债务上限和削减财政赤字问题展开了旷日持久的谈论，终于在大限之前暂时达成妥协的解决方案。

美债安全一直是中国政府担忧的问题。为了使中国政府放心并继续购买美债，美国政府多次承诺美债的安全性。2011年胡锦涛主席访美期间，美国提出：美国将重点减少中期联邦赤字，确保长期财政可持续性，并对汇率过度波动保持警惕。美联储近年来已采取重要步骤增强其长期目标的清晰度。鉴于中国是美国最大的海外债主，美国做出此番承诺的目的就是向中国表明美国将努力减少债务危机出现的可能性。2011年7月下旬，正值国会两院就债务上限争吵正酣之际，美国国务卿希拉里访问香港，再次表明美债安全。8月美国副总统拜登访华之际，再次声明中国不需为此担忧。

二、金融议题："人民币汇率市场化"

自2005年人民币实行汇改以来，已经升值了20%左右。但是美国施压人民币升值的呼声从朝野到官方一直不断。

在2011年胡锦涛主席访美期间，美国敦促中国：继续加大力度扩大内需，促进服务部门的私人投资，更大程度地发挥市场在资源配置中的基础性作用。中国应继续坚持推进人民币汇率形成机制改革，增强人民币汇率弹性，转变经济发展方式。[1]

根据美国"1988年奥姆里巴斯贸易与竞争力法案"(the Omnibus Trade and Competitiveness Act of 1988)，又称《综合贸易与竞争法》，财政部一般在每年的4月15日和10月15日要向国会参众两院提交针对主要贸易伙伴是否为汇率操纵国的报告。为此，美国财政部每半年向国会提交有关美国主要贸易伙伴的《国际经济和汇率政策报告》，涉及美国的十个主要贸易伙伴，包括中国、日本、韩国、欧元区、英国、巴西、加拿大等国家和地区。

该报告的主要目的是对上述主要贸易伙伴的汇率政策进行评估，评估是否操纵汇率。如果一国人为操纵汇率，使其故意偏离本国经济正常水平的行为可被归为"汇率操纵"。在这种政策下，该国的出口商品竞争力会增强，类似于该国政府提供出口补贴。一旦确定某国家操纵汇率，美国将报告给国际货币基金组织(IMF)，向该国政府施加压力，并有可能对该国出口商品征收报复性关税。1989—1994年，中国每年被评估为"汇率操纵国"，而之后，没有再被贴上此类标签，美国也没有对其他国家贴上此类标签。

之所以如此，并非美国认为别国没有操纵汇率，并非美国对别国的汇率很满意，而是美国对技术标准难以界定。美国财政部提交

① 白宫新闻办公室：2011年《中美联合声明》。

给国会的《报告》中相应也增加了一个附件“依据《法案》对汇率的分析”（Analysis of Exchange Rates Pursuant to the Act），开宗明义地指出：“确定一个国家是否操纵本国货币兑美元的汇率，以阻止国际收支的有效调整或在国际贸易中获得不公平的竞争优势”本质上非常复杂。该文件指出，最重要的判断指标包括：贸易与经常项目收支情况、持续单边的大规模外汇市场干预、外汇储备的骤然增长、资本项目控制及限制国际支付、本币低估及实际有效汇率变动、本国经济严重依赖出口增长等六大项，这些指标之间彼此相互影响，共同体现经济体的复杂交互关系。

在2011年上半年财政部提交给美国国会的报告中，关于中国做出了如下判断：人民币兑美元升值了3.7%，但是中国还需要保持更多的汇率灵活性，尤其是要比其他国家具有更多的灵活性，最终实现市场决定的汇率制度。①

第三节 投资领域美国对华政策理念：有限自由化

一、现状

2009年中国在美直接投资是7.91亿美元，主要是批发贸易。美国在华直接投资达到494亿美元，主要集中于制造业和金融业。2010年，中国公司在美国完成工程承包任务达8.4亿美元，新签订合同金额为10亿美元；完成劳务合作营业额884万美元，新签合同2679万美元。中国在美国的非金融类直接投资达到13.9亿美元。而美国对中国投资1502个项目，实际使用资金30.2亿美元。②

① 美国财政部：Report to Congress on International Economic and Exchange Rate Policies。

② 中国商务部统计数据。

二、美国的政策理念：有限自由化

在投资领域，美国主要坚持自由主义的政策，仅在一些航空、原子能、金融等敏感领域存在一些市场准入和国民待遇等限制性规定。

美国对外投资政策的法律框架主要是:《埃克森-弗罗里奥修正案》、《2007年外国投资法和国家安全法》及其实施细则《2008年关于外国人收购、兼并和接管的条例》。《埃克森-弗罗里奥修正案》赋予总统可以基于国家安全理由对外资并购通过外国投资审查委员会进行审查。《2007年外国投资法和国家安全法》则进一步扩大了审查范围，增加了对“关键基础设施”、“外国政府控制程度”等条件的审查。《2008年关于外国人收购、兼并和接管的条例》则对审查的界定、方式和程序进行认真的细化。

2007年之后的新法规带来了很多障碍：审查委员会审查的范围扩大，审查的工作量增加，审查的时间也会过长，这都影响企业运作的时间成本；被审查者需要提交更多的书面材料予以回应，这都增加了企业成本；审查结束后委员会需要向国会提交报告，这也延长了企业被审查的过程和时间；对于“国家安全”定义模糊而宽泛，导致审查时更多的企业可能被卷入危害美国“国家安全”的风波。

2011年胡锦涛主席访问美国，两国领导人重申双方继续致力于推进双边投资协定谈判。双方认识到成功的双边投资协定谈判将通过促进和保护投资，为双方投资者增强透明度和可预见性，支持开放的全球经济。美方承诺通过中美商贸联委会以一种合作的方式迅速承认中国市场经济地位。①

① 2011年《中美联合声明》。

第四节　国际经济领域美国的理念："中国国际经济责任论"

"中国国际经济责任论"是近年在西方很流行的一种观点。总体而言，认为中国迅速增长的出口和中国的汇率政策导致了全球经济失衡；中国的粗放式增长造成了全球能源消费大增和全球污染严重；中国高额的外汇储备和持有的大量美国国债也导致了全球经济发展失衡。甚至还有声音认为WTO"多哈回合"谈判一直难以取得突破性的进展，主要是中国不愿意做出让步。

为此，2011年胡锦涛主席访美时，双方就国际经济责任相关的议题进行了商谈，达成以下内容：[①]

一、推动世界贸易组织"多哈回合"谈判

两国领导人强调将指示其谈判代表进行跨领域的谈判，在维护世界贸易组织多哈发展回合授权、锁定已有成果的基础上，促使多哈回合谈判尽快取得成功、富有雄心、全面和平衡的结果。双方同意加强和扩大两国谈判代表的参与度以完成谈判。

二、加强全球金融体系

双方承诺致力于加强全球金融体系和改革国际金融框架。双方将继续强有力地合作以提高国际货币基金组织和多边开发银行的合法性和有效性。为实现联合国千年发展目标，双方将共同促进国际社会援助发展中国家，特别是最不发达国家的努力。双方还将与多边开发银行协作，寻求合作支持包括非洲在内的全球减贫、发展和区域一体化，为包容和可持续的经济增长作出贡献。

① 2011年《中美联合声明》。

三、支持二十国集团的作用

双方重申支持二十国集团强劲、可持续和平衡增长框架，重申在二十国集团首尔峰会公报中的承诺，包括采取一系列措施巩固全球经济复苏、减少过度外部失衡并将经常账户失衡保持在可持续水平。双方支持二十国集团在国际经济和金融事务中发挥更大作用，并承诺加强沟通协调，落实二十国集团峰会承诺，推动戛纳峰会取得积极成果。

第二篇

美国对华经贸政策的政策分析

第四章　美国对华贸易政策

中美经贸关系复杂多变，一方面是频繁举行的、级别不断升格的经贸战略对话；另一方面是中美经贸摩擦有增无减——中国已连续多年成为美启用世贸组织争端解决机制的最多“应诉国”，中美贸易争端进入高发期。

第一节　美国对华贸易救济政策

一、美国对华反倾销政策

近年来，美国对华采取了较为严厉的反倾销政策。

2010年8月26日，美国商务部宣布14项加严反倾销和反补贴法实施的建议措施，包括在反倾销调查和复审中，扩大随机选取公司作为单独问卷回复者，取代只选取最大进口商的做法；强化目前商务部在涉及非市场经济体国家的案件中给予反倾销单独税率的措施；澄清商务部在涉及非市场经济体国家案件中有关倾销幅度计算的现行措施；加强向商务部提交事实材料的核证程序；缩短反倾销和反补贴案件中递交新事实资料的期限等。上述建议措施主要针对涉及非市场经济国家的反倾销反补贴案件的处理，而中国则是主要针对对象。①

2010年12月28日，美国商务部提议终结贸易倾销案件中计算惩罚金额时使用的一种容易引起争议的方法——归零法。归零法是指在计算反倾销税率时，不计入定价比国内价格高的进口商品。这

① 根据中国商务部公布信息整理：http://www.mofcom.gov.cn。

种做法人为地压低了被诉国进口商品的平均价格，从而提高了倾销幅度和倾销税率，成了美国等国限制进口竞争、保护其国内市场的工具。

美国商务部对中国的反倾销案件多运用“非市场经济地位”条款来裁定。

在WTO中，“非市场经济地位”条款规定，在反倾销调查时来自非市场经济国家的产品的国内价格不能作为正常价值计算，而采用“替代国”和“类比国”来计算来自非市场经济国家的出口产品的正常价值。非市场经济案例的结果往往取决于一系列的主观决定（主观地选择进行比较的国家和价格），从而使中国在面临国外反倾销调查时遭受歧视性的裁决。

2010年11月23日，美商务部公布三项有关加强贸易救济执法的政策公告，作为贸易法加强实施一揽子措施中的一部分。根据公告三，在所有的涉及非市场经济国家的反倾销调查和复审程序中，应诉企业都必须将其用于被调查产品全部生产量的各项生产要素上报给商务部。

2010年12月16日，美国商务部又对非市场经济国家反倾销调查程序规定中的分别税率和强制应诉企业选择方法作出修改。这几项政策变动都增加了企业的应诉难度，也增加了其败诉几率。

近年来，美国对华新发起的反倾销调查呈现出不规律的增长状况。

2008年，美国对华发起反倾销案件6起；2009年，美国对华发起反倾销案件13起；2010年，美国对华发起反倾销案件3起；2011年1—10月，美国对华新发起反倾销案件4起。2008年美国由于受到金融危机的冲击，使得2008—2009年两年的对华反倾销调查陡增，到了2010年有所下降。但2011年美国对华反倾销调查数量又开始增加。

2010年美国对中国产品发起3起反倾销调查，分别涉及钻杆、铝挤压材和多层实木地板反倾销反补贴合并调查，涉案金额8.6亿美元。具体如表4-1：

表4-1　2010年美国对我国发起的反倾销反补贴合并调查[①]

编号	涉案产品	立案时间	案件进展
1	钻杆	2010年1月28日	2010年2月19日，作出肯定性产业损害初裁。2010年8月16日作出反倾销初裁，应诉企业的倾销幅度为0—206.00%，中国普遍补贴率为429.29%。2011年1月4日，美国商务部作出最终裁定，反倾销税率为0—429.95%。
2	铝挤压材	2010年4月27日	2010年5月14日作出肯定性产业损害初裁。2010年10月28日作出反倾销初裁，应诉企业的倾销幅度为59.31%，中国普遍倾销幅度为59.31%。
3	多层实木地板	2010年11月8日	2010年12月3日作出肯定性产业损害初裁。

资料来源：中国商务部网站：http://www.mofcom.gov.cn/。

据“中国贸易救济信息网”统计，2011年1—8月，美国政府已启动了4起对中国的反倾销调查。详细情况见表4-2。

① 中国商务部网站：http://www.mofcom.gov.cn/static/column/ztxx/gwyxx.html/1。

表4-2 2011年1—8月美国对中国的反倾销调查[①]

编号	性质	涉案产品	立案时间	案件进展	附注
1	反倾销和反补贴调查	高压钢瓶	2011年5月31日	2011年6月24日，ITC对原产于中国的高压钢瓶作出反倾销产业损害初裁。	于2011年8月和2011年11月分别对该案作出反补贴初裁和反倾销初裁。
2	反倾销和反补贴调查	镀锌钢丝	2011年4月20日	2011年5月16日，ITC作出反倾销和反补贴产业损害初裁。	
3	反倾销调查	光学增白剂	2011年4月20日	2011年5月16日，美国国际贸易委员会发布公告，对原产于中国和中国台湾的光学增白剂作出反倾销产业损害初裁。	
4	反倾销和反补贴调查	钢制轮毂	2011年4月19日	2011年5月13日，美国国际贸易委员会对原产于中国的钢制轮毂作出反倾销和反补贴产业损害初裁。	

资料来源：中国商务部网站：http://www.mofcom.gov.cn/。

二、美国对华反补贴政策

美国对华反补贴政策呈现如下特点：一是美国对华反补贴调查从不用到开始少量启用，最终成为对华反补贴调查的最大指控国。

① 中国贸易救济信息网：http://www.cacs.gov.cn/anjian/zuixinanjian.aspx。

长期以来，美国一直奉行不对“非市场经济国家”适用反补贴法的政策，然而，在美国贸易保护政策进一步抬头以及国内一些产业的产品竞争力不断减弱的背景下，美国政府首次对非市场经济国家的进口产品适用反补贴法。

2006年11月1日，美国国际贸易委员会接受美国新篇章公司申请，开始对中国等国的无镀层薄纸进行反补贴调查。这是近20年来美国对中国提起的首次反补贴调查。

据中国贸易救济网统计，1995—2009年，美国共发起192起反补贴调查，其中对华23起，居各国之首。2010年美国对中国产品发起6起反倾销、反补贴调查。2007—2010年，中国成为连续4年遭遇反补贴调查最多的国家，其中美国对华反补贴的案例占美国对外反补贴案例的90%以上。[①]美国2011年上半年启动了2起反倾销调查和2起反补贴调查，均针对中国产品。

目前中国遭遇的美国反补贴调查领域主要涉及化工、冶金、造纸、机械、纺织、金属制品、建材和轻工等8个行业。冶金位居首位，化工行业排在第二位，二者案件总数占同期美国对华反补贴案件总数的一半以上。[②]

2010年9月，美钢铁工人联合会对中国清洁能源的相关政策措施提出调查申请。2010年10月，美国贸易代表办公室正式启动对华清洁能源有关政策和措施的调查。该调查将涉及中国的风能、太阳能、电池及节能汽车行业。2010年12月，美宣布该调查的最终决定，称中国《风力发电设备产业化专项资金管理暂行办法》中的补贴内容涉嫌违反世贸组织《补贴与反补贴措施协定》规定的禁止性补贴，并提起世贸组织争端解决机制项下的磋商请求。最终以中

① 孙铭、余萍：《美国对华反补贴的特点及对策》，载《中国经贸》，2011年第9期。

② 孙铭、余萍：《美国对华反补贴的特点及对策》，载《中国经贸》，2011年第9期。

国同意停止向国内风能发电厂进行采购补贴定案。

2010年11月23日，在对补贴的认定方面，美国商务部发布公告，在反补贴调查中，美国调查主管机构将法律规定或事实上给予国有企业的补贴都将被视为具有专向性的补贴。

美国对华反补贴政策的第二个特点则是反补贴与反倾销的合并使用。据统计，截至2010年底，外国对华发起的反补贴调查中，90%以上都是“双反”同时启用。在2010年全年，美国对华发起3起“双反”调查，涉案总金额8.5亿美元。2011年1—8月，美国政府已启动了4起针对中国的反倾销调查，其中3起都是“双反”同时启用。

三、美国对华保障措施政策

保障措施是指当不可预见的原因导致某一产品的进口数量增加，对本国同类产业造成严重损害或损害威胁时，进口成员方可以在非歧视原则的基础上对该产品的进口采取限制措施。

“特保”条款则是2001年中国加入WTO时的副产品，是为了加入世贸而接受的妥协性条款，当时约定美国可以对中国相关产品在合适的条件下使用特殊保障措施。

在中国加入世贸组织随后的9年中，美国先后有7起针对中国的特保调查案，其中前6起案件均被布什否决，最近一件特保调查案（即中美轮胎特保案）却得到了奥巴马总统的支持。

2009年4月20日，美国国际贸易委员会第五次对中国输美轮胎产品实施特别保障措施的调查。2009年6月18日，美国国际贸易委员会对中国乘用车及轻卡车轮胎特保案做出肯定性损害裁决。2009年9月11日，奥巴马宣布对中国轮胎实施三年惩罚性关税，即在未来三年内分别对中国输美轮胎征收35%、30%和25%的从价特别关税。

2011年7月20日，美国纺织品协会向美国国际贸易委员会提出对来自中国的纺织品装饰面料和家具部件纺织品面料实施特保调查，涉案金额高达数十亿美元。虽然该项“特保调查”申请最终被美国国际贸易委员会驳回，但美国纺织品商会就上述问题可能会重新提出申诉。

当前，保障措施和特别保障措施已经更多地成为了美国实行贸易保护的新手段。尤其是特保措施，由于《中国入世议定书》等文件对于“市场扰乱”规定过于简略，导致实践中美国过于宽泛地解释市场扰乱的认定标准。其启动相对容易、见效相对快，已成为美国对华采取贸易保护主义措施的新宠。[①]

第二节 美国对华非关税措施政策

一、美国对华技术性贸易壁垒政策

由于技术性贸易壁垒（Technical Barriers to Trade，简称TBT）的制订都是以各国为准，各国根据自己的情况来制定不同的技术标准和检验标准，这样随意性比较大；而WTO等国际组织又没有很好地对各成员国的TBT及时审查并采取有效制裁措施，这就导致各国，尤其是发达国家都根据自己本国的贸易情况不合理地制定难以达到的技术标准，并且形式多样、涵盖范围广。

目前，我国遭遇美国典型的技术性贸易壁垒主要是CARB法规、CPSIA法规、能源之星认证程序、绿色卫生检疫等。

CARB法规严格限制在美国销售或进口的复合木制品，以及含

① 李毅:《“市场扰乱”与对华特保措施的滥用》，载《国际经贸探索》，2010年第5期。

有复合木制品之成品的甲醛排放。上述产品出口到美国必须通过第三方认证，并清楚地打上标记，以表明符合要求。如果产品没有通过CARB认证出口到美国的，将会面临被召回的风险。CARB是迄今为止对复合木制品中甲醛排放要求最苛刻的一项管制，将可能改变板材业、家具业等相关行业的现有国际贸易格局，中国作为最大家具出口国，首当其冲在所难免。[①]

美国《2008消费品安全加强法》(CPSIA法规)也于2009年2月生效，适用于全美国。该法规几乎适用于所有的消费类产品，如玩具、纺织品服装和家具，意在控制这些产品中铅和邻苯二甲酸盐等物质的含量。该法令对中国出口企业会造成重要影响。

2010年4月14日，美国环保署和能源部联合宣布对“能源之星”产品认证程序进行修改，以确保只有符合要求的产品才能获准得到“能源之星”标签。

2011年3月30日，美国贸易代表办公室发布《2011年技术性贸易壁垒报告》。根据报告，美国贸易代表办公室将继续就中国适用标准和技术规范的情况进行进一步的监测。

美国目前已有四个州制定了法规，限制镉在儿童珠宝中的使用，包括加利福尼亚州、康涅狄格州、伊利诺伊州和明尼苏达州。另外，新泽西州、佛罗里达州、纽约州和罗得岛州也提出了类似的法规议案。[②]

美国对食品的安全卫生指标十分敏感，尤其注重农药药物残留，对新鲜蔬菜的农药残留限量制定了98种农药620个限量标准。2011年1月4日，美国总统签署了《食品安全现代化法案》，该法案是1938年以来美国食品安全法方面的首次重大修改。2011年9月，

① 孙蓓玲：《解读美国加州CARB法规》，载《中国检验检疫》，2009年第1期。

② 施京京：《美国加州实施儿童首饰镉含量禁令》，载《中国质量技术监督》，2010年第12期。

美国对农药和兽药的残留限量标准进行了修订，加强了对进口食品的管理。

2011年4月20日，美国消费品安全委员会（CPSC）正式发布了幼儿床（toddler beds）强制性标准16 CFR Part 1217的最终文本，将于2011年10月20日起生效。同时，CPSC还发布了幼儿床第三方合格评定机构认可要求，规定从2011年10月20日起，所有幼儿床必须由第三方机构进行检测，才能投放美国市场。这些产品主要来自中国。

近年来，由于不符合美国的技术标准，中国产品在美召回大量增加。2010年前三个季度，中国大陆产品列美国CPSC召回通报的首位，共169项，占通报总数的60.6%，同比增长3.7%。2011年1—7月，美国消费品安全委员会（CPSC）共发布对华产品（大陆地区）召回通报117起。召回的中国产品中，出现次数最多的是家居用品、儿童用品、玩具、户外用品和体育、休闲用品。①

二、美国"企业社会责任标准"及对华影响

所谓"企业社会责任"，本意是指企业作为一个经营实体，在以利润最大化为经营目标的同时，不能完全唯利是图，而要兼顾一定的社会责任，比如对员工权益的保障、对生态环境的保护等等。

1997年，美国经济优先认可委员会（CEPAA）成立，后更名为国际社会责任机构（SAI）。该机构设计了社会责任SA8000标准和认证体系。认证内容主要涉及企业（组织）内部的生产环境条件并提出最低要求，主要有童工标准、强制劳动标准、卫生与安全标准、歧视、劳动纪律标准、工作时间标准、补偿标准、管理系统标准。②

① 根据技术壁垒资源网数据整理：http://www.tbtmap.cn/portal/shouye/tjbglist.jsp。

② 张志强、王春香：《西方企业社会责任的演化及其体系》，载《宏观经济研究》，2005年第9期。

作为全球第一个“社会道德责任认证标准”，SA8000标准认证已越来越多地出现在跨国公司订单的附加条件中。[①]跨国公司已开始把劳工权利和订单挂钩，我国企业出口到美国的纺织、服装、鞋帽、家具、运动器材、玩具以及日用五金等产品，都受到或部分受到SA8000的约束和影响。由于产品出口不符合SA8000标准要求而被取消订单的企业不断出现。

2011年2月15日，苹果公司对外发布《2010年供应商责任进展报告》，公布其代工企业违规使用正乙烷情况。苹果公司在报告中提供了对127家厂商的审查结果，称2010年发现37家厂商存在严重违规行为。[②]

2011年8月，苹果供应商可成科技被曝存在环境污染问题，已经停产整顿。同时被曝光存在环境问题的苹果供应商包括名幸电子（武汉）有限公司、位于苏州工业园区的可胜（苏州）有限公司和联建（中国）科技有限公司。

美国一方面利用企业社会责任标准给我国企业产品的出口增加难度或者说设置门槛，达不到这一标准要求的企业与产品被西方发达国家拒之门外。另一方面美国企业却在全球产业转移大潮中将部分容易造成污染、可能导致健康损害而不宜在本土生产的产业移至我国，这是不公正的。

① 陆犇：《SA8000标准对江苏省纺织品出口的影响及对策分析》，载《全国商情》，2011年第2期。

② 参见“社会责任报告：37家供应商违规”：http://it.msn.com.cn/817153/346154389447.shtml。

第三节 美国对华其他贸易政策

一、美国对华碳关税政策

所谓“碳关税”，是指如果某一国生产的产品不能达到进口国在节能和减排方面设定的标准，就将被征收特别关税。这个概念最早由法国总统希拉克提出，用意是希望欧盟国家应针对未遵守《京都协定书》的国家征收特别的进口碳关税。

2009年6月22日，美国众议院通过《碳排放限制与限额交易议案》，授权美国政府对因拒绝减排而获得竞争优势的国家所有进口产品采取“边境调节措施”的权利，未来将对包括我国在内的广大发展中国家产品征收“碳关税”。

2009年6月26日，美国众议院通过了《清洁能源与安全议案》，该议案宣称，将从2020年起对不接受污染物减排标准的国家实行贸易制裁，具体的措施将表现为对未达到碳排放标准的外国产品征收惩罚性关税，标准约为一吨二氧化碳征收10—70美元。

对于美国等发达国家来说，征收碳关税有诸多好处。既是对发达国家本国企业的保护，也可通过高额税负抬高发展中国家的企业的出口成本，严重损害这些国家的竞争力；“碳关税”可以为本已债务缠身的发达国家创造一个新的税源，创造出源源不断的收入流，缓解其财政危机；更可以打着“保护环境”的牌子，占领道德高地，获取声誉收益。[①]

对于包括中国在内的发展中国家而言，严格的减排标准是一种技术性歧视。发展中国家在承接国际产业转移的过程中，能耗增加，

① “碳关税或将成为发达国家新型经济霸权”：http://www.riskmw.com/life/2011/05-10/mw52925.html。

由于技术水平低下和成本因素，节能减排压力很大。征收"碳关税"将直接影响发展中国家出口，削弱发展中国家在国际贸易中的传统优势和成本优势，降低产品的国际竞争力。根据世界银行的研究报告，如果碳关税全面实施，在国际市场上，中国制造可能面临平均26%的关税，出口量因此可能下滑21%。

基于此，美国在奥巴马上台后调整外交战略，将气候外交作为重中之重。奥巴马政府一改其前任对全球气候变暖问题漠不关心的做法，通过了美国历史上第一个应对气候变化和温室气体减排的法案，并拾起"碳关税"这个新概念，将其打造成西方发达国家对付发展中国家最具道义感也是最锐利的武器，以保卫人类家园为名，行保护、扩张之实。①

二、美国贸易知识产权政策及对华影响

金融危机后，美国频繁使用知识产权保护作为贸易保护的手段，向中国发起攻击。尤其是随着我国出口产品由低端产品向高端产品转移，以高科技含量、高附加值的商品出口时，不断遭遇到美国企业利用知识产权诉讼手段实施的围堵。其中，337调查和《特别301报告》是美国主要的和常用的保护手段。

337调查是指美国国际贸易委员会根据美国《1930年关税法》(Tariff Act of 1930)第337节(简称"337条款")，对不公平的进口行为进行调查，并采取制裁措施的做法。2008年美国国际贸易委员会公布了新的337调查程序，主要涉及申请人申请调查应提交的书面材料、提交许可合同的注意事项、延长行政法官调查期和提高初步裁定的要求以及复印请求书的页数限制要求等四个方面的程序性

① 刘学成：《奥巴马政府的外交框架与对华政策走势》，载《国际问题研究》，2009年第2期。

规定。

实践中，337调查主要针对进口产品侵犯美国知识产权的行为。如果进口产品侵犯了美国有效的知识产权，该知识产权权利人（无论其是美国企业还是外国企业）可以向ITC提起337调查申请。如果ITC经调查认定进口产品侵犯了知识产权，ITC有权采取如下救济措施：（一）有限排除令；（二）普遍排除令；（三）停止令；（四）没收令。此外，救济措施没有确定的有效期，除非ITC认为侵权情形已不存在，否则排除令和停止令可在涉案知识产权有效期内一直执行。

近年来，美国在多份报告中均称中国政府对美国企业的知识产权保护不力，迄今已对中国产品启动多次“337条款”调查。2010年，中国是美国337调查的第一目标国，美国共对中国产品发起19起337调查，是2009年案件数的三倍多，占调查总数的1/3。产品以电子信息类产品为主，还涉及轻工、汽车产品、家具等。2011年1—6月，美国共发起对华337调查22起，比2010年同期（5起）大幅增长300%。22起涉华337调查中，10起案件涉及电子信息产品，6起涉及轻工产品，3起涉及医药产品。①

《特别301报告》是美国贸易代表办公室对世界各个国家是否对于知识产权提供充分有效的保护，以及是否对依赖知识产权保护的工业部门或商人提供公平平等的市场准入机会进行审查后公布的年度报告。报告分三级将各个国家列为知识产权保护的“观察国家”名单、“优先观察国家”名单和“306条款监管国家”名单。美国贸易代表办公室在2011年5月2日公布了“2011年度特别301报告”中，继续将中国列入“重点观察国家名单”和“306条款监管国家名单”。

2011年2月28日，美国贸易代表办公室公布了所谓全球年度

① 中国贸易救济信息网：http://www.cacs.gov.cn/anjian/zuixinanjian.aspx。

“恶名市场”报告，全球30多个互联网和实体市场因销售所谓假冒伪劣和盗版产品被收入其中，百度、淘宝网、秀水街、义乌小商品市场等在内的中国企业成为名单上一员。[①]“恶名市场”名单的公布对中国相关企业的商业信誉造成相当的负面影响。

三、2011年美国“放宽对华出口限制”承诺

长期以来，美国在高技术领域一直实行严格的对华出口管制政策。近年来，随着中美之间的依存度逐渐加深，美国在科技发展方面对中国长期以来奉行的遏制政策表面上出现了一定程度放松。2009年1月14日，美国商务部宣布：给美国对华高科技出口松绑，将以往对华高科技出口的逐个审查，调整为向中国民用企业发放执照。2011年5月举行的第三轮中美战略与经济对话中，美方承诺放宽对华高技术产品出口管制。

“美国承诺放松对中国的高科技出口限制”到目前为止仅仅只是一个承诺而已，这个承诺能否兑现，何时兑现，如何兑现，都存在一定的不确定性。实际上，出于对中国崛起的“担忧”，美国在对华高科技出口管制上并未松动。一直以来，美国高新技术入华都是说得多做得少。[②]

海关数据显示，在中美高新技术产品贸易方面，自美进口高技术产品的增幅远低于自欧盟和日本进口的增幅，并且中国自美进口高技术产品占同期中国进口高新技术产品的比重也逐年下降。

美国是当今世界上经济、科技势力最强大的国家，也是执行技术出口管制最严格的国家。美国数十年来坚持对中国进行的高科技出口管制，目的很明确，就是要保持对中国的科技优势，尤其是军

① 参见“美国‘恶名市场’不定期审查报告”：http://www.juntuo-ip.com/funonews.asp?id=130。

② 王立、漆建国：《美对华高科技产品出口管制新动向及对策研究》，载《国际贸易》，2007年第9期。

事技术优势，维持美国的霸权地位。[①]因此，美国对华高科技出口的限制，在一定时期内还会维持。

四、美国近年的对华服务贸易政策

美国是服务贸易最为发达的国家，服务贸易规模和发展水平均居世界领先地位。2009年，美国继续保持全球最大的服务贸易市场的地位，继续成为全球最大的服务贸易出口国和进口国。2010年，美国服务贸易出口总额为530.274亿美元，进口总额为368.036亿美元，分别比2009年增长8.7%和6.4%。

在中美服务贸易中，美国获取了巨额顺差和利润，这种顺差还呈强劲扩大之势。据海关统计，2010年，中美服务贸易296.9亿美元，其中中国对美出口96.3亿美元，进口200.6亿美元，贸易逆差达104.3亿美元，为2009年的1.4倍。

在旅游服务贸易方面。旅游服务贸易是美国主要的服务贸易行业之一，其旅游服务贸易总量很大，占世界旅游服务贸易的比重一直维持在12%以上，居世界首位。

2009年10月23日，中美双方签署了《中美旅游战略合作议定书》，旨在促进两国旅游业的务实合作。近几年来，中美签署并实施《关于便利中国旅游团队赴美利坚合众国旅游的谅解备忘录》，两国在旅游领域的合作取得明显的成果，旅游合作机制已逐步从政府相关部门向地方、旅游企业及民间共同合作转变。

据统计，2011年前8个月中美双向人员交流超过233万人次，同比增长13.2%，中美已正式互为第四大旅游客源国和第四大目的地国。中美双方旅游交流规模从2006年到2010年年均增长7%，特

① 刘卿：《美国为何强化对华出口管制》，载《瞭望》，2008年第11期。

别是中国赴美游客年均增长近15%。[①]

在美国的自然人移动政策和中国对美劳务输出方面。美国对外国人入境就业限制很严。美国移民局实行对外国自然人的国家安全出入境登记制度（NSEERS），在各入境点对来访人员进行问话和提取指纹后才允许其入境，已经入境的外国男子必须到移民局登记。对于境内非法移民，美国众议院主张严厉打击并将"非法滞留美国"定为重罪。

美国对自然人流动的管制形成新的壁垒，损害了劳务输出国的贸易利益。当前，中国向美国的移民主要是个人技术移民，而在向美国非技术劳动力输出上几乎没有机会。在《服务贸易总协定》（GATS）框架下的"自然人流动模式"，日益成为发展中国家和发达国家之间争论的重要焦点。[②]

在跨境支付贸易政策方面。跨境交付贸易（Cross-border Supply）是指一成员服务提供者在其境内向在任何其他成员境内服务消费者提供服务，以获取报酬。该贸易方式主要是通过电信网络、国际电子商务来实现的。

美国主张在Internet上进行交易的产品和服务，都应该是无关税的，即政府不应该对电子商务征税。同时反对强制措施对电子支付方式进行管制，支持制定一套国际统一的贸易规范以促进电子商务。

2011年9月，美国支付与网络服务供应商运通公司和腾讯旗下第三方支付工具财付通宣布结成战略合作伙伴，将为财付通客户提供从美国运通旗下的网络商户在线跨境购物的服务。

① 参见"中美已互为第四大旅游目的国"：http://finance.people.com.cn/h/2011/1019/c227865-1023995966.html。

② 王铁山、冯宗宪：《服务贸易中的自然人流动壁垒：发展中国家的视角》，载《国际贸易》，2008年第1期。

第五章　美国财政金融政策及对华影响

第一节　美国货币投放政策及对华影响

一、美国量化宽松政策[①]

美国货币投放源于近年来沿用的量化宽松货币政策。量化宽松货币政策即美联储通过购买各种债券，直接向市场注入流动性的数量型货币政策手段。从2009年3月起，美联储开始第一轮量化宽松货币政策（QE1），截至2009年11月，向市场注入了1.75万亿美元的流动性。但是，第一轮量化宽松货币政策毫无效果，到2010年美国经济不但没有复苏，二次探底的风险反而加大。美联储不得不加大货币投放力度，继续实行宽松的货币政策。

2010年11月4日，美联储推出第二轮量化宽松货币政策（QE2），宣布到2011年6月底以前，以购买美国中长期国债的方式向市场投入6000亿美元的流动性。2011年6月第二轮量化宽松货币政策执行结束，但是预期的效果仍然没有出现。美国经济低迷，特别是失业率停留在9%以上，经济增长乏力，消费者信心脆弱。于是，美国国内对第三轮量化宽松货币政策（QE3）呼声日高，世界各国也在猜测QE3何时推出。但是美联储却迟迟没有推出QE3。

第三轮量化宽松政策没有出台（有人预测2012年上半年会推出），但是作为替代选择，美联储于2011年10月推出了结构性货币政策（在12月13日美联储的议息会议上维持这种结构性操作，并继续把联邦基金利率维护在0—0.25%的历史新低）。结构性货币政策

① 本节数据均来自美联储网站和美国劳工部网站。

的操作程序是：美联储卖出短期国债，买入长期国债。从数量上看没有增加，或者减少货币供给，但是卖出短期国债推高短期利率，买入长期国债压低长期利率，通过结构性交易，影响利率结构（收益率曲线），抑制短期资本市场，鼓励长期投资，目的在于提振实体经济。

从结果来看，美国的货币投放政策对于其国内经济的作用效果不稳固。经过两年多两轮量化宽松货币政策的刺激，美国国内的货币供给量有较大幅度的增加（2011年11月，M1和M2的增长速度分别到达18%和9.8%，比2010年的7.9%和3.3%，分别加快了10和6个百分点），物价水平也比前一年有显著上升（2011年CPI指数3.4%），比2010全年CPI指数1.5%要高得多，但是9月份到达峰值3.9%，之后有较大幅度下降），但是作为货币政策最终目标的就业水平和经济增长没有根本的改善，基础还很不稳固（2011年11月美国的失业率为8.6%，比早前的9.2%降低了0.4个百分点，但仍在高位运行。美国2011年前三季的GDP分别为0.4%，1.3%和2.5%）。

二、量化宽松政策对中国的影响

美国的货币投放政策虽然对于美国国内经济没有产生积极影响，但是对中国却产生了直接的负面影响。

第一，通过贸易金融渠道，增加中国的外汇储备，导致中国国内货币超发。美国是一个开放经济，其国内的货币发行量（净增加量）等于联储发行总量减去从经常项目和资本金融项目的货币净流出。中国是美元净流入的国家之一。比如，2011年上半年，中国外汇储备增加2800亿美元，很大一部分来自美国，其中有美国量化宽松政策的“贡献”，这些“贡献”变成了中国央行的货币投放，央行无法完全逆向对冲，于是，进一步推高中国国内的通货膨胀。

第二，推动人民币汇率进一步上升，加大中国经济调整的难度。2010年6月，也就是在美国第二轮量化宽松政策出台不久，人民币开始重新升值，截至2011年底升值5%左右。人民币升值不能彻底解决中美之间的贸易不平衡（其原因是中美之间的贸易不平衡一部分是结构性的，是两者的产业互补性造成的），但是对中国外贸出口（出口量减少，出口额增加）的影响却是不可避免的。此外，人民币升值，热钱流入，进一步加剧国内的投机性泡沫，加剧金融风险。

第三，推动国际大宗商品价格，增加国内经济成本。国际大宗商品以美元计价，美国持续的量化宽松货币政策导致美元贬值，进一步推动国际大宗商品价格持续上涨。中国是这些国际大宗商品的需求大户，这些商品的价格上升导致中国出口成本上升（出口产品生产成本中进口产品比重较高），利润缩减。另外，这些大宗商品大幅涨价，会向中国输入成本推动型通货膨胀，进一步恶化国内的经济基本面，导致国内经济调整难度增加。

第四，量化宽松对中国的对外贸易有好的一面。美国实行宽松货币政策推动美元贬值，对中国出口不利，但是宽松政策也会推高美国国内的需求，增加对中国出口产品的需求，这又从另一个方面增加中国的对美出口。关键要看美元贬值的因素和美国国内需求增加的因素哪一个影响更大。从中国对美出口和对美贸易顺差前半年增势不减的情况看，似乎积极的一面大过消极的一面，但是这种情况在2010年下半年，特别是第三季开始改变。

第二节 2011年中美汇率之争及对华影响

一、中美汇率之争

中美之间的汇率之争由来已久。2005年7月人民币开始升值，到2008年6月升值20%左右（人民币对美元从1美元兑换人民币8.27元，升值到一美元兑换6.8元），2008年6月开始，人民币停止升值，适逢美国次贷危机爆发，世界经济进入衰退，中美之间就汇率问题展开角逐，压迫人民币升值的措施一轮紧过一轮。2010年6月人民币汇率开始第二轮升值。截至2011年底，人民币汇率升至1美元兑换6.2的水平，升值8%左右，至此人民币名义汇率升值已达30%，实际汇率升值40%，美国国内就人民币问题的争论不但没有消弭，反而更加激烈。

实际上，中美汇率之争2010年就弩张剑拔，硝烟弥漫。2010年6月19日，中国人民银行宣布在2005年汇改的基础上进一步推进人民币汇率形成机制改革，增强人民币汇率弹性。尽管如此，2010年7月，美国最大的工会组织“美国产业组织劳工联盟”仍然提出，中国政府操纵人民币汇率并使其低估40%，因此敦促国会通过立法，要求打击中国汇率政策。9月29日，美国众议院以348∶79的投票结果通过了矛头直指中国的所谓《汇率改革促进公平贸易法案》，旨在对所谓低估本币汇率的国家征收特别关税，使备受瞩目的中美人民币汇率之争再度升级。

2011年关于人民币汇率的争论趋于白热化。由于美国经济陷入泥潭，近期不但摆脱衰退无望，而且还有陷入二次探底的风险，而奥巴马争取连任的总统选举迫在眉睫。鉴于这种情势，美国政府加紧压迫人民币升值，一方面期望扭转美国的经济颓势，另一方面希望转移国内舆论对政府经济政策的批评。美国政客除了在公开场合指责人民币汇率之外，针对人民币汇率的争论主要是通过立法，通过贸易的，或者非贸易壁垒逼迫人民币升值。《2011年货币汇率监督改革法案》就是这方面的主要“成果”之一。

2011年10月11日民主党推动的《2011年货币汇率监督改革法案》在美国参议院以63票支持，35票反对的投票结果通过。该法案旨在要求美国政府调查中国是否存在人为压低人民币汇率的行为，以决定对中国进行关税等方面的惩罚。从美国各界就这一法案展开辩论不久，相关专家及舆论就形成了比较一致的看法，即该法案在参议院可以轻松通过，但在众议院通过的可能性几乎不存在。而即使参众两院都通过，奥巴马行使总统否决权基本是肯定的。

那么美国为什么需要这个没有实际意义的法案呢？关键是它的“宣誓”作用——把球踢到中国这边。如果中国就范，人民币汇率如期如愿地升值，这个法案就停留在参议院，或者被众议院否决，或者被总统否决。如果美国没有如愿，人民币没有按照美国意愿升值，这个法案为美国政府留出的“行动期权”就会被执行，这个法案就会在众议院顺利通过，美国政府就会按照既定的法律路径启动对中国的贸易和非贸易的制裁措施。与此同步，还有其他形式的针对人民币汇率的行动在美国朝野积极酝酿。

比如，由众议院筹款委员会前主席、民主党资深众议员桑德·列文（Sander Levin）提出的《2011年公平贸易货币改革法案》已获得包括168名民主党议员在内的230名众议员的联署。该法案实际上是2010年由民主党掌控的众议院所通过的人民币汇率法案的翻版。与此同时，共和党极端保守派也不甘示弱。为了2012年的总统大选，共和党候选人也在“争先恐后”地表明自己的强硬立场。在党内处于领先地位的马萨诸塞州前州长米特·罗姆尼（Mitt

Romney）放出狠话，声称如果当选总统，他将在上任第一天就把中国列为“汇率操纵国”。

2011年10月25日美国国会众议院筹款委员会就美中经济关系举行听证会。这次会议上，尽管指责人民币汇率低估是主流声音，但是也有一些理性声音，要求对人民币汇率采取理性的态度。主持当天听证会的众议院筹款委员会主席达维·坎普（Dave Camp）说，一些国会议员聚焦于人民币汇率立法问题，其实中美关系内容非常广泛，以偏概全是无益的。美国财政部负责国际事务的副部长莱尔·布雷纳德在听证会上说，美国政府的对华汇率政策取得了显著进展，过去5年，中国人民币对美元实际升值已近40%。

2011年11月，在APEC会议期间，人民币汇率也是成为焦点问题，奥巴马声称人民币汇率被低估20%，强硬要求人民币继续升值。至此，人民币汇率不但成为中美之争，而且演变为世界之争。但是接近年末，人民币突然连续10天兑美元跌停，表现出急速贬值的态势。一般认为这是短期投机因素引发，除非中国国内经济出现大的波动，否则不会影响人民币长期的升值。

二、中美汇率之争对中国的影响[①]

中美贸易之争对中国的影响可以分近期和远期两个方面来考量。从近期看，主要的影响是：

第一，导致人民币升值，中国的金融风险加剧。中美汇率之争短期肯定会推高人民币汇率，而人民币汇率上升虽然无助于改善美国的贸易逆差（中美贸易逆差很大部分是结构性的，无法用汇率变动解决），但是，对中国巨额外汇储备造成巨大威胁，增加其投资

① 本节内容参考了孙露晞、黄楠（2011）：《汇率是否是决定中美贸易差额的主要因素——基于中美产业结构差异的实证分析》。

风险。另外，人民币汇率升值造成热钱内流，影响国内的金融稳定，导致国内货币政策顾此失彼，无从措手。

第二，外贸企业利润空间缩减。人民币汇率升值，但是由于中国出口企业没有定价权，汇率变动不能完全传递到出口价格之上，外贸企业只能用数量弥补价格，这样汇率变动的损失就由中国的出口企业全部承担。这种情况持续的结果就是汇率升值，出口数量增加，出口额增加，贸易顺差增加，但外贸企业利润空间缩减，经营陷入困境。

第三，逼迫产业结构调整。中国的产业结构调整肇始于20世纪中期，历经15年时间，但是效果不是很好，关键原因是内部动力不足和外部压力不足。近年人民汇率升值虽然对中国的外贸出口造成困难，但是对于推动中国的产业转型未必不是好事。人民币升值的外部压力可以推动产业转型，亦可诱发中国产业转型的内部动力。

第四，拉低国内物价。短期来看，由于人民币升值的效应，进口产品价格会趋向下降，这对中国持续上升的物价水平有一定的遏制作用。从2011年9月份之后进口大幅增长的情况看，价格效应起作用是一个方面，但是，同样由于人民币汇率升值的传递问题，对于进口拉低国内物价的效应不能有过高估计。

从长远看，人民币汇率升值对中国的影响有两个值得关注的现象：第一个现象是人民币长期对美元升值不符合美国既定的美元霸权地位的要求，人民币在适当时候会停止升值，并可能转向贬值。这种情况是否发生，取决于美国的意愿，当然更取决于中美之间经济力量对比变化的现实，但无论如何，未来存在人民币贬值的风险。

第二个现象是，尽管近期人民币升值不能解决美国的贸易逆差，但是长时期来看，人民币升值不但最终结束中国对美国的贸易顺差，而且可能以两败俱伤的结果来解决这个问题。届时，最有可能的结果是中国外贸企业大面积破产，外向型经济终结，而美国虽然获得对中国的贸易顺差，但是出口规模大幅缩减（美国国内失业问题加剧）。

第三节 美国国债上限之争及对华影响

一、美国国债上限之争的由来与始末

美国债务上限的争论由来已久。美国国债上限是具有美国特色的一种债务限额发行制度，源于1917年，由美国国会立法通过。美国财政部资料显示，自1960年以来，美国国会已经78次提高债务上限，平均每八个月提高一次，其中49次是在共和党总统任期内，29次是在民主党总统任期内。自奥巴马2009年1月20日就任总统以来，国会已经三次提高债务上限，提高总额为2.979万亿美元。前任总统布什在两届任期内共七次提高债务上限。

美国曾有过两次“疑似”违约。第一次出现在1933年罗斯福总统任期内。当时，美国债券直接与黄金挂钩，而经济危机之下政府无力继续用黄金支付第一次世界大战欠下的债务，因此国会被迫立法规定以纸币偿付债务。

第二次出现在1979年。共和党和民主党也在国会中拿债务上限问题玩一场绝对不妥协的“勇敢者游戏”（和最近的情况非常相似），离历史上首次违约只剩几个小时之时，两党才最终达成提限协议。由于两党是在最后一分钟达成协议，这一最后时刻的决定，夹杂着大量涌入的对美国国债的需求，以及处理文书问题时发生的技术问题，导致1979年4、5月到期证券持有人未能及时得到偿付，导致

美国国债所谓“技术性违约”。[1]

此次债务上限之争开始于2011年5月。5月16日，美国已经触及14.29万亿美元的债务上限。财政部长盖特纳指出，如果8月2日之前不提高这一限额，联邦政府可能将发生违约。5月31日，由共和党人所掌控的众议院以318∶97票，否决了奥巴马无条件提高美国债务上限的议案，同时一些支持奥巴马的民主党人也投了反对票。6月14日，奥巴马发出警告称，如果美国国会最终不能上调其债务上限，将可能发生另一轮的全球金融危机。美联储主席伯南克同一天也警告称，若政府未能上调14.3万亿美元的债务上限，那么美国的信誉度将受到灾难性的损毁。

7月25日，美国民主共和两党提出各种的债务解决方案。

共和党方案（博纳）

1. 将债务上限提高1万亿美元。削减赤字1.8万亿美元。税收改革。更大规模的（削减）联邦补助计划。

2. 首先，也就是马上上调9000亿美元，同时要在未来十年削减联邦支出9170亿美元。之后还要建立由议员组成的委员会，研究措施，进一步削减赤字1.8万亿美元，大部分将通过税收改革和更大规模的联邦补助计划，如（削减）医疗保险、医疗补助和社会保障来实现。

博纳的计划显然与奥巴马一贯的立场相悖。奥巴马向来反对短期提高债务上限，同时认为不能仅依靠削减开支来解决赤字问题。花旗集团策略师认为，博纳的二步走方案，并不能避免美国主权评级下降到2A。

民主党方案（里德）

1. 将债务上限提高2.4万亿美元。减少赤字2.7万亿美元。不增

① 该段内容参考了郭宏宇:《美国债务上限谈判：传统、背景及影响》，2011年。

税。不减少医疗保险和补助。

2. 这是一项多阶段的计划，短期内立即提高债务上限1000亿美元，然后再分阶段更大幅度地提高债务上限，伴随着相应的开支削减。增加金额总计达到2.5万亿美元。如果长期方案谈判陷入僵局，本周参议院就将开始推进这一计划。

该方案由于短期内扫除了一些不确定性因素，股市或将上涨，风险货币有望一定程度上受到追捧，而美元短期大幅下挫的风险也会降低，评级机构将会重新评估美国主权债信评级，而非直接动手调降。

7月29日，美国国会参议院以59∶41的投票结果否决了众议院刚刚通过的由共和党领袖、众议长博纳提出的提高美国债务上限和削减赤字的法案，两党在债务上限问题上仍在激烈博弈。7月31日，美国众议院以246∶173的投票结果否决了参议院领袖里德的初始债务上限方案。

同一天，事件有了新的进展，美国两党就提高债务上限接近达成协议。新的方案是：第一步，债务上限将立即提高1万亿美元，第二步将在2011年晚些时候再提高。该方案要求国会就平衡政府预算的宪法修正案投票。不过两次提高债务上限都无需国会批准。方案还要求成立一个由两党议员各占一半人数的专门委员会，负责监督财政状况。

8月1日晚间，美国众议院以269票赞成，161票反对，通过提高债务上限和降低财政赤字预算的法案。议案同意提高政府债务上限2.1万亿美元，至2013年，同时削减政府赤字约2.5万亿美元。根据规定，在议案实施的第一阶段，未来10年需削减逾9000亿美元开支，同时债务上限将被上调9000亿美元。第二阶段是由6名民主党和6名共和党议员组成的一个特别委员会将在11月23日之前确认需要削减的约1.5万亿美元的财政赤字，美国参议院将于12月23日就此举行投票。

8月2日，美参议院投票通过了提高债务上限的法案，当天，奥巴马总统签署并生效。至此为时一个半月的美债上限危机暂时度过，美国主权信用评级被降级的风险化解，国际间对于美国爆发债务危机的担心消除。

二、美国债务上限之争对中国的影响

美国结束提高债务上限之争，暂时保住了美国AAA级的债务评级(后又遭降级)，短期内国际金融市场避免了一次震荡。中国是目前美国最大的债务国，估计持有1.3万亿美元的美国国债，美国提高债务上限，中国持有的美国债券暂时安全，但中国外汇储备投资存在问题没有解决。中美之间意识形态有根本分歧，市场结构差异巨大，但这两个差异最大、规模最大的国家，其经济发展模式却形成“共生关系”——美国模式以中国模式为前提，中国模式以美国模式为基础。中国经济发展模式和美国经济发展模式相反相成、紧密依赖。具体而言，就是美国离不开中国的廉价商品和美元储备(资本金融项顺差)，而中国离不开美国的贸易逆差和美元债券(包括美国的金融市场)。这种经济互相依赖的经济模式由于存在根本性分歧，未来的不确定和潜在风险巨大。因为任意一方采取非理性的方式都会陷对手于绝地，比如，美国关闭贸易大门，或者中国抛售美国国债等。

中美经济“祸福相倚”的关系还表现在另外一个方面：其经济模式转型也要同步进行。如果哪一方首先启动并完成产业转型，对方的经济模式就会因为失去支撑而单独面临危险。这是此次提高美国债务上限，渡过短期风险之后采取的政策步骤对中国经济发展的重大影响所在。中国扩大内需和进行产业转型的工作已经开始，但是进展缓慢。如果美国今后真正按照奥巴马政府提出的思路，切实推动经济发展模式的转型，即：振兴制造业，平衡产业结构；改善国际收支，减少贸易逆差；削减政府赤字，平衡财政账户；约束透支消费，减少对虚拟经济的依赖。这意味着中国经济发展模式的转变必须提前，或者至少同步完成。

综合来说，美国此次结束党争，顺利完成提高债券上限，对中国的意义是正面的，但是，美国财政不平衡，经济模式的内在矛盾没有解决。美国如果不解决这些问题，美元危机、美国债务危机的根源不能消除，中国可以继续利用美国的市场需求，维持出口导向的经济模式，但是美元债务贬值的损失不可避免，债务危机如影随形，挥之不去。如果美国着手解决其经济模式的深层矛盾，则对中国经济模式转变形成刚性约束，迫使中国经济结构转型、升级被动加速，短期内的改革阵痛不可避免。这是美国此次提高债务上限之争及其后果对中国的警示意义。

第四节　中美国际金融体系和特别提款权之争及对华影响

一、国际金融体系的历史演变

国际金融体系的发展大致经历了这样几个阶段：

第一阶段：1880—1914年的国际金本位制。它是在各国实行金本位制基础上形成的。这一时期，黄金自由流动，自由兑换，自由铸币。汇率由金平价决定。

第二阶段：1918—1939年两次战争期间。这时期的货币制度是松散的、局部的。以金块本位制和金汇兑本位制为主流。各个货币与黄金挂钩，但黄金不能自由流通。汇率由货币的含金量决定。

第三阶段：1944—1972年的金汇兑本位制度。1944年，有44个国家聚集美国，建立了布雷顿森林体系，它的核心是黄金—美元本位，采取一种固定或钉住的汇率制度（美元和黄金挂钩，各国货币和美元挂钩），如果经济发展需要变动，变化幅度限制在一定范围之内。

第四阶段：1973年后的浮动汇率制。1973年布雷顿森林体系崩溃后，国际货币制度出现了松散无固定的约束，美元贬值，布雷顿森林体系瓦解。1976年的牙买加会议形成了多元化货币体系，也称“牙买加体系”，它的中心是国际储备多元化和浮动汇率制。这种汇率制度主要通过市场调节，同时受到政府干预管理。

二、国际金融体系的现状

1976年之后牙买加体系主导国际金融，国际金融市场进入不断动荡时期。起初是由发展中国家的金融市场动荡引起危机，包括拉美债务危机、俄罗斯货币危机，以及亚洲货币危机等。这一时期，发达经济体的金融市场相对稳定。但是2008年美国爆发次贷危机，进而演变成全球金融经济危机。目前，美国经济迟迟不能复苏，欧债危机进一步恶化。2008年金融危机正在动摇美元主导的牙买加体系。主要表现在：其一是浮动汇率制度导致国际金融市场剧烈波动，对包括发达国家的各国经济造成冲击。其二是以美元为主导的国际货币体系成为国际金融市场动荡的原因，已经不适应国际经济、金融形势。其三是IMF的内部权力结构和调节国际金融秩序的功能对解决全球金融危机不利，特别是在解决国际金融危机时，表现出对正在崛起的发展中国家不公平。

三、关于国际金融体系的争论[①]

争论的焦点一个是如何终结美元的独霸地位，另一个是以中国为代表的新兴经济体在国际金融体系中如何发挥作用。从操作层面看，主要是改变盯住美元的汇率制度，建立盯住一篮子货币的、有管理的浮动汇率。另一个方面通过双边和多边协商，扩大本币结算的规模，摆脱对第三国际贸易中对美元的依赖。从制度层面看，争论集中在改革国际货币基金的结构和功能上。主要包括以下几个方面。

1. 增加特别提款权、基金份额及投票权的争论[②]

特别提款权（Special Drawing Rights, SDR）是国际货币基金在1969年创造并分配给会员国的记账单位，特别提款权只能用于会员国政府间结算，会员国可以用特别提款权向其他会员国换取可自由兑换外币，支付国际收支逆差，或偿还国际货币基金贷款，但不能直接用于贸易或非贸易支付。

国际货币基金曾经分配过两次特别提款权，第一次是1970—1972 年分配93亿个单位，第二次是1979—1981年分配 121亿个单位。国际货币基金理事会在1997年9月曾经提案再度分配 214亿个单位的特别提款权，截至2009年7月，这个提案已经获得131个会员国的支持（占基金总投票权的77.68%），但拥有基金16.75%投票权的美国迟迟没有投票赞成，因此，这个提案还没有通过。

关于特别提款权的争论是各国在IMF中权力和利益的争论，也是包括中国在内的发展中国家与美国之间的权力争论。这个争论在2011年有了新的发展。2011年4月2日的伦敦峰会上，各国达成协

① 本节资料和数据均来源于IMF网站。

② 本节内容参考了李本：《国际货币基金组织份额制改革与中国的进路分析》，2010年。

议为IMF增加5000亿美元“可贷资金”，并发放2500亿美元的SDR的协议。IMF成员国理事会在8月7日投票通过了SDR的分配方案。

8月28日，国际货币基金组织（IMF）如期向186个成员国发放了等值于2500亿美元的特别提款权（SDR），将SDR总量增加74.13%。“总分配”按照各成员国现有份额比例发放。中国凭3.72%的份额获得了59.97亿SDR，合92.96亿美元。美国获得427亿美元，日本获得153亿美元，德国获得149亿美元，英国和法国各自获得123亿美元。特别提款权的分配按照国际货币基金的现有份额发放，总量虽然有增加，但是对国际货币基金组织内部的权力结构，特别是美国独大的权力结构没有触及。

在国际货币基金组织内，真正起作用的是基金份额，也就是成员国在基金里的股权（要求25%用外汇缴交，75%用本币缴交）。因为国际货币基金的投票权是按照股份来分配的。这是中美之间近年争论的焦点。中国在国际货币基金的初始股份是2.980%，与加拿大并列，位居第八位。根据2008年的调整方案，增加至3.996%，排名在美、日、德、法、英之后，提升至第六位。但是，这仍然不能反映中国经济实力增长的现实，更无法跟美国17.670%的股份抗衡（国际货币基金组织的重大决议需要85%的票数才能通过，美国17%的投票权，相当于拥有否决权）。根据国际货币基金组织2011年11月6日的会议，决定进一步提高中国在国际货币基金组织的份额，2012年开始，提升至6.394%，位列美日之后，成为国际货币基金组织的第三大股东，由此，中国在国际货币基金组织的投票权也上升至6.071%，居第三位。美国的投票权从最初的17.023%，略微降至16.479%。

2. 特别提款权篮子构成的争论

自特别提款权创设以来，其价值决定方式经历两个阶段：

第一阶段是以含金量决定价值，1969 年 9 月特别提款权创设时，每一单位含金量定为 0.888671克，与美元等值，亦即每 35单位特别提款权等于1英两黄金。

第二阶段是以一篮子货币决定价值。随着美元停止兑换黄金，各国纷纷实行浮动汇率，汇率波动剧烈，为了保持特别提款权的价值稳定，国际货币基金在 1973 年5月5日决定改用16种货币决定特别提款权的价值，具体办法是用1968年到 1972年出口金额占世界出口总金额 1%以上的 16个国家的货币，按照各国出口金额和货币使用范围大小，确定加权的比例。目前国际货币基金是使用4种货币来决定特别提款权的价值，具体办法是先选出在特定的5年期间内，商品与劳务出口金额占世界出口总金额最大的前4个国家或货币同盟的货币，不能自由兑换的货币不列入考虑，并依这4个国家或货币同盟的出口金额，及其货币被会员国作为外汇准备的比例，来确定这 4个货币在特别提款权中所占的权数。

根据这个标准，自2011年1月1日起，美元、欧元、日圆与英镑在特别提款权中所占的权数分别为41.9%、37.4%、9.4%与11.3%。国际货币基金利用这些权数与2010年最后3个月的平均汇率推算，1 个特别提款权含有 0.6600 美元、0.4230欧元、12.1000日圆与 0.1110 英镑。作为世界第二大贸易国的中国，人民币没有被纳入特别提款权的货币篮子。

特别提款权所包含的4种货币之数量由国际货币基金每 5 年修订一次，下一次的修订将自2016 年1月1日起生效。下一次人民币能否纳入是一个焦点问题。

国际货币基金目前依照市场汇率，逐日计算并公告特别提款权兑换美元的汇率。

表5-1 特别提款权的价值

2011 年7月 29日

币别	货币数量	汇率	折合美元的价值
欧元	0.4230	1.42440 U$/€	0.602521
日圆	12.1000	77.64000 ￥/U$	0.155848
英镑	0.1110	1.62730 U$/ £	0.180630
美元	0.6600	1.00000 U$/ U$	0.660000
		1SDR ＝1.59900U$	

资料来源：IMF网站。

四、国际货币体系和特别提款权争论对中国的影响

国际货币体系及特别提款权的争论对中国的影响是双刃的，有利有弊。从有利的方面看，主要是以下几点：

第一，中国在国际金融领域获得更大的话语权。随着中国经济在世界经济中的比重上升，要求与之相适应的话语权非常必要。积极的方面可以发挥影响力，使国际金融发展趋势符合中国的利益，消极的方面可以减少美国主导的国际金融规则对中国的不利影响。中国在国际货币基金组织的份额提高有利于中国发挥作用，减弱美国对IMF的主导地位。

第二，推动人民币国际化的进程。一国货币进入特别提款权的篮子才能体现其作为世界货币的地位，人民币进入特别提款权篮子，这符合中国的利益。但是，目前最大的障碍不是人民币本身的价值内涵不够，而是人民币不能自由兑换。目前，人民币国际化在提速，但是仍然滞后，人民币进入特别提款权篮子，是推动人民币国际化进程最好的动力。

第三，加速中国内部的经济改革进程。中国经济内需型的结构

调整，产业结构的升级以及各阶层的利益调整等，必须尽快完成，但面临很大的阻力，需要内部的推动力，也需要外面的推动力。中国积极寻求国际金融体系内的影响力，或国际金融制度的刚性约束，会迫使国内经济改革加速进行，进而促进中国国内改革尽早完成。

中国寻求国际金融体系等方面的影响力，存在有利的一面，但也有风险。其风险表现在：

第一，更大话语权意味着更大的责任和更大的压力。中国在国际金融体系中获得更大的话语权和影响力，意味着主动承担更大的国际责任。要参与维持国际金融稳定，就要花更大的代价出钱救助，比如，拿外汇购买希腊和意大利等国家的国债，而这样的救助是有风险的。另外，要牺牲一些自己的经济利益，保持本身货币汇率的稳定性。

第二，更大话语权意味着更大的开放和更大的风险。人民币在资本项下不能兑换，就等于建立了金融风险的防火墙。这是中国在包括2008年历次金融危机中独善其身的主要原因。人民币要进入特别提款权篮子就必须可自由兑换，而人民币可自由兑换意味着中国金融体系全面拆除防火墙，直接暴露在国际金融市场的冲击下，国内爆发金融风险的可能性剧增。

第六章　美国对华投资政策

第一节 美国的外资吸收政策及中国在美直接投资

一、美国的外资吸收政策

在外国对美直接投资领域，美国长期奉行自由政策，基本不设限制，仅在航空、通讯、原子能、金融、海运等相对敏感行业中，存在一些具体的国民待遇和市场准入的限制性规定。

《埃克森-弗罗里奥修正案》、《2007年外国投资法和国家安全法》以及其实施细则《2008年关于外国人收购、兼并和接管的条例》构成了美国投资管理的基本制度。

《埃克森-弗罗里奥修正案》赋予了总统基于国家安全理由对外资并购行为采取行动的权力，具体审查由外国投资审查委员会（CFIUS）来负责。美国于2007年颁布了《2007年外国投资法和国家安全法》，对《埃克森-弗罗里奥修正案》进行了修订，扩大了外国投资审查委员会的审查范围，增加了该委员会在评估交易时对“关键基础设施”、“外国政府控制程度”等因素的考量，以加强对海外投资的国家安全审查。2008年11月颁布的《关于外国人收购、兼并和接管的条例》细化了《2007年外国投资法和国家安全法》，明确并完善了外国对美国直接投资领域的审查制度。《国际投资和服务贸易普查法》则确立了投资领域的报告制度，规定了不同类型的外国投资应向美国商务部、农业部等不同的政府部门进行报告的义务。

当前，美国正试图采取措施积极吸引海外实业资本投资美国。据《华尔街日报》2011年11月的报道，美国政府正在积极酝酿吸引外国直接投资的新投资计划，未来5年内，美国试图吸引至少1万亿美元的外国直接投资。这些投资将主要来自中国、巴西和印度等发展中国家，主要投资的领域集中在基础设施方面。

第三轮中美战略与经济对话成果情况说明称，"美国欢迎来自包括中国在内的所有国家和包括国有企业在内的外国直接投资与经济合作，并承诺以同等规则、标准和非歧视性待遇对待所有外国投资，不论来源国。"[①] 可以看出，奥巴马政府发出了积极的信号，即美政府欢迎中国直接投资。

二、中国在美直接投资

美国增加来自中国的直接投资，这对双方都是双赢。目前，中国企业已在全美50个州中至少35个州进行投资。其中，得克萨斯州吸引的中国投资居全美之首，其后依次为纽约、弗吉尼亚、伊利诺伊、加利福尼亚、密歇根、特拉华、新泽西和密西西比等州。[②] 从2003—2010年，共发生244起中国对美国直接投资，总金额达到116亿美元，其中仅2010年中国对美FDI就超过50亿美元。[③]

虽然中国对美直接投资数额不大，起点较低，仅占中国对外直接投资总额的0.1%，但增速快，呈成倍增长之势。2009—2010两年间，中国对美直接投资每年翻一番。美国亚洲协会发布的报告称，未来10年间，中国对外直接投资将出现前所未有的增长，总额将达1万—2万亿美元。[④]

中国对美直接投资的方式主要是投资新建企业和并购现有企

① 参见《中美关于促进经济强劲、可持续、平衡增长和经济合作的全面框架》。

② 张锐：《中国对美直接投资现状分析与发展对策建议》，载《中国货币市场》，2011年第6期。

③ 《敞开美国大门——挖掘中国海外直接投资红利》，美国亚洲协会（Asia Society）美中关系中心等机构发起完成的研究报告。

④ 张锐：《中国对美直接投资现状分析与发展对策建议》，载《中国货币市场》，2011年第6期。

业，主要并购项目多集中在制造业。[①]2010年10月11日，中海油以10.8亿美元的价格收购美国第二大天然气生产商切萨皮克能源公司位于得克萨斯州南部的一个名为鹰滩的页岩油气项目1/3权益。

2011年4月8日，中航工业汽车、北京亦庄国际成功联合收购耐世特汽车系统公司，这次收购是迄今为止中国汽车零部件产业最大的一次海外并购，也是中美之间最大的汽车零部件产业并购。

尽管一部分美国人欢迎中国对美直接投资增加的趋势，但也有一部分人感到不安。美国在实施外国投资审查新规之后，多次以国家安全为由，拒绝中国企业在美国的投资并购活动。

2010年，中国公司计划与美国光纤制造商EmCore建立合资企业，在该计划中美方出售的业务不包括卫星通信和特种光纤业务，只是普通的商业交易，但美国政府仍然以“国家安全”的原因否决了该项目。同年，美国还对中国钢铁企业与美国钢铁发展公司的合作项目进行涉及“国家安全”的审查。

近几年来，中国电信设备制造商华为亦曾先后三次被美国挡在门外。[②]2008年华为联手贝恩资本收购美国3Com Corp，这笔交易因为美国监管机构的压力而搁浅，原因是华为是一家由中国退役军人任正非创立的民营企业，美国监管部门担心华为在美国的收购活动可能会危及“美国国家安全”。2010年7月华为打算收购美国软件供应商2Wire和摩托罗拉（Motorola Inc）旗下无线设备业务，其出价较其他竞购者高出至少1亿美元，但这两笔交易最终都由于美国所谓的“威胁国家安全”而没能完成。2010年5月华为以200万美元收购了美国加州的服务器技术公司三叶，然而就在2011年2月，美国

① 参见《2010年度中国对外直接投资统计公报》，中国商务部，2010年。

② 参见“中国多起跨国并购被美挡在门外”：http://news.xinhuanet.com/fortune/2011-10/02/c_122115639.htm。

外国投资委员会（CFIUS）却以将威胁美国国家安全为由，建议华为撤回收购三叶的申请，最终迫使华为收回了这笔交易。

2009年，“中国西色国际”与美国优金公司达成收购协议，出资2650万美元收购美国优金公司51%的股份，获得内华达州叹息谷附近四座金矿的开采权。同年12月，美国外资审查委员会查出这些金矿靠近美国重要军事基地，决定向总统建议阻止交易。在美国政府和媒体双重压力下，西色公司主动撤销了交易。

2011年1—10月，我国境内投资者共对全球130个国家和地区的2733家境外企业进行了直接投资，累计实现非金融类对外直接投资462.5亿美元，同比增长14.1%。不过对美国的直接投资却下降了7.3%。[①]

美国滥用“国家安全”理由，对中国企业在美国正常的商业投资活动设置限制，是一种“投资保护主义”行为，将促进双边贸易发展的平常商业项目政治化，不利于双方贸易投资失衡的改善。

第二节　美国的对外投资政策及在华直接投资

一、美国的对外投资政策

支持跨国公司对外投资一直是美国政府的政策。美国法制较完备，会计制度健全，政府对其企业的国外投资很少进行其他管制，着眼点主要是鼓励企业对外投资。此外，美国政府还通过税收（主要包括赋税抵免、纳税延期和转结亏损）、信贷以及提供投资保险，鼓励对外直接投资。美国十分重视海外投资的法律支持，专门制定了《经济合作法》、《对外援助法》、《共同安全法》等有关法律，扩大

① 中国商务部网站：http://www.mofcom.gov.cn/aarticle/tongjiziliao/dgzz/201111/20111107845587.html。

对海外投资的保护和支持。通过与其他国家签订双边或多边条约以及利用国际经济组织，美国政府对本国私人海外直接投资进行外交方面的支持与保护。[①]

作为全球唯一超级大国，美国对外直接投资活动非常频繁，对外直接投资额高居全球榜首。根据美国商务部统计，2010年美国对外直接投资总额为3908.2亿美元，比2009年的3547亿美元增长了10.2%。2011年上半年，美对外投资2292.37亿美元，同比增长26.26%。[②]

2010年美国对外直接投资目的地国的前五名分别为荷兰、英国、加拿大、卢森堡和百慕大群岛。美国对这五个国家的投资额占美国对外投资总额的47.7%。

美国对外直接投资主要集中在非银行控股公司、金融（不含储蓄机构）和制造业。2010年美国对外直接投资在非银行控股公司、金融（不含储蓄机构）和制造业三个类别金额分别高达1538.617亿美元、802.96亿美元、585.789亿美元。2011年上半年，美国对非银行控股公司投资1231.87亿美元，占53.74%；制造业323.62亿美元，占14.12%；金融（存款机构除外）和保险163.29亿美元，占7.12%。[③]

二、美国在华直接投资的变化

从国家安全与全球战略考虑，美国政府也对本国对外直接投资进行引导与限制，这种状况在美国对华投资中表现明显。自2003年以来，美国实际对华投资一直在下滑，占我国利用外资的比重也

① 吉小雨：《美国对外直接投资的利益保护——从双边协定到海外私人投资公司》，载《世界经济与政治论坛》，2011年第2期。

② 美国商务部经济分析局（BEA）数据：http://www.bea.gov/international/index.htm#omc。

③ 青岛商务局网站：http://www.qdbofcom.gov.cn:8080/jjg11ywdt/48921.htm。

大大下降，在2006—2008三年中，美国对华直接投资都不到30亿美元。2011年1—9月，美国对华投资新设立企业1205家，同比下降4.52%，实际投入外资金额25.67亿美元（在对华投资前十位国家/地区中，美国居第五名），同比下降18.13%。①

总体来看，美国对华投资在其对外投资中的地位较低。尽管许多美国企业对中国市场抱有极大的兴趣，但它们对华投资大都以失败而告终。eBay和Yahoo曾经对中国的巨大市场虎视眈眈，但最终却失望而归；即使像谷歌这种已经在中国大陆立足好几年的企业最终也退出了中国大陆。

第三节 美国对间接投资的政策及2011年中美资本运作

一、美国对间接投资的政策

美国号称是世界上最开放的证券市场之一。在股票市场，自从2003年携程网在美国上市后掀起的新一波中国热以来，中国企业赴世界第一大证券市场——美国股市挂牌，已经成为一道独特的风景线。其中既包括主板市场纽约证券交易所，也包括创业板市场纳斯达克，也包括柜台交易市场。②

仅2010年，中国在美国上市公司就达到40家，融资总额近40亿美元，创下新的历史纪录。③2011年5月11日，我国婚恋网站“世纪佳缘”在美国纳斯达克挂牌上市。在此之前，已有人人网、优酷网、奇虎网、当当网、搜房网、易车网等国内领先的网络企业在纽

① 中国商务部网站：http://www.mofcom.gov.cn/aarticle/tongjiziliao/v/201110/20111007794961.html。

② 参见“美国和欧洲股市的‘国际板’是怎么一回事？”：http://www.ce.cn/macro/more/201106/13/t20110613_22475878.shtml。

③ 参见“美国和欧洲股市的‘国际板’是怎么一回事？”：http://www.ce.cn/macro/more/201106/13/t20110613_22475878.shtml。

约交易所挂牌上市。

二、2011年中国概念股危机

不过，2010年下半年发起于美国市场的一轮做空中国概念股的浪潮在2011年第二季度进入高潮期，至今仍未完全平息。

2010年6月，“猎杀中概股专业户”浑水公司建议“强烈卖出”东方纸业，导致东方纸业股价跌至2009年同期的一半。

2010年10月，绿诺科技因涉嫌伪造合同被浑水质疑，浑水给予其“强烈卖出”的评级建议，绿诺股价应声大跌，一个月后停牌，两个月后其造假行为被确认，绿诺收到纳斯达克退市通知。

2011年2月，浑水指责中国高速频道故意制造营收和利润虚高假象，以便管理层大幅获利，并在高位抛售等，给予“强烈卖出”评级。中国高速频道曾试图力挽颓势，不幸失败，于2011年5月被驳回复牌申请。

2011年7月，海外机构再次唱空中国概念股，多家拟赴美上市企业纷纷推迟IPO计划。原计划7月20日登陆纳斯达克的迅雷宣布因市况欠佳推迟IPO，且未来上市时间未定；同样，盛大文学也宣称，决定暂停在纽约证交所融资2亿美元的首次公开发行。这也导致2011年7月份没有中国企业在美国上市。

2011年8月初，中国概念股在遭到中美联合监管和标准普尔下调美国信用评级的双重打击下，中国企业赴美上市更是雪上加霜。8月9日凌晨，中国概念股全线下挫跌势凶猛，共有19只股票跌幅超过10%，其中8只股票跌幅超15%，11只股票跌幅在10%—15%之间。①

① 参见吴华:《在美接连遭“做空”中国互联网概念股当自强》，载《软件工程师》，2011年第9期。

2011年11月21日，“猎杀中概股专业户”浑水公司向投资者发布报告，把“分众传媒”称为中国的“奥林巴斯”，建议对分众传媒“强烈卖出”。这一消息导致当日分众的股价最低跌到了8.79美元，甚至低于2009年9月。收市时，分众传媒市值大幅下跌39.49%，收报15.43美元/股。美国浑水公司2011年11月29日再次发布针对分众传媒的做空报告，仍维持“强烈卖出”评级。受做空影响，分众传媒当天开盘后振荡走低，最多时下跌10.4%，至15.23美元。[①]

在本轮中国概念股危机中（截至2011年11月30日），被长期停牌和已经退市的中国概念股企业总数达46家。其中，29家被勒令退市，9家通过私有化退市，1家主动退回OTCBB场外市场交易，1家因申请破产而退市，另有6家企业的股票被停牌至今。共计有67家中国概念股企业，不同程度地遭到来自第三方的公开质疑。

总之，中国概念股企业在美国市场困难重重，本轮做空中国概念股危机更是给中国概念股泼上了一盆盆凉水。中国企业走出去融资，要善于与不同的市场准则多磨合。在日益复杂的市场环境变化中，只有熟悉不同市场的制度设计，才有可能保障企业利益。

① 参见“分众传媒再遭做空，中概股前景未明”：http://finance.people.com.cn/stock/GB/222942/16467325.html。

第七章　多边及区域框架中的美国经贸政策立场

二战之后，在战火废墟上重建，期盼复兴的世界各国，急于建立具有权威性的国际组织来保障和平，恢复和发展经济，最早的一批国际性组织应运而生。其中，联合国、世界贸易组织、世界银行等都成为当今最重要的国际组织。为了适应全球众多国家之间日益频繁的交往和不断扩张延伸的交往的领域和地区，国际组织快速扩张起来，它们不仅数量上数以万计，而且覆盖范围也极为广泛，包括政治、经济、社会、文化、环境、安全、人口等众多领域，已成为影响世界格局和人类社会发展的重要力量。二战后的美国成为唯一的超级大国，这些组织在建立之初的基本规章或多或少都受到美国人的意志的影响。长期以来，美国更是倚仗超强的国力，试图通过这些国际组织控制国际秩序，触角甚至伸到了最早由东南亚国家成立的东盟。近些年来，经济实力迅速增长的中国希望在国际经济多边组织中争取到与经济地位相称的话语权，常常受到美国在这些国际组织中的多番阻挠。

第一节　美国在WTO中的政策取向及对华影响

二战后，在美国倡导下建立起了一系列国际组织、机制和联盟，至今还在运转的其中一个重要组织就是WTO。美国正是通过这些组织、机制和联盟来实现对整个世界经济的主导。美国秉持自身的贸易政策思想主持建立了WTO，不难看出，WTO里面许多规则的制定很大程度上也不能摆脱美国的操控，不符合美国价值观念和运行模式的 WTO贸易规则条款，一般很难纳入国际规则，成为共同遵守的条款。另外，美国在那些与其利益攸关的协议的提出和执行中，态度一向积极，而对那些事关发展中国家贸易利益的协议条款的实施，很多情况下漠不关心、暗中拖延。由此导致WTO中各个协议的实施力度差距甚大，破坏了各成员在“乌拉圭回合”一揽子协议中权利和义务的平衡，而广大发展中国家则不可避免地成为了这种不平衡的最大受害者。美国人为地扩大WTO的协调范围，有选择地扩大贸易自由化的新领域，结果导致发达国家有优势的服务贸易、知识产权贸易和与贸易有关的投资措施领域的自由化程度高于传统的货物贸易领域的自由化程度，使发展中国家的实际利益受到影响。货物贸易领域中的劳动密集型产业长期以来被发达国家视为“敏感部门”而游离于多边体制之外，如纺织品、服装、鞋袜、皮革等一直受到关税及众多非关税壁垒的限制，而且限制程度相对有所提高。另外一个事实是，发达国家将自由化推向它们具有比较优势的新领域时，并没有打算将原来的货物贸易领域中实施的普惠制做法推广到新领域，这导致了新的不平衡。①

从以上种种看来，WTO作为一种多边贸易组织，其所倡导的“公平贸易”实际在很大程度上受到了多重限制。为了保护各成员国的利益，WTO允许各成员国在遭到不公平贸易待遇时，利用其有关规则条款提起诉讼，这就为各国以“公平贸易”为借口实行贸易保护创造了空间和舞台。尽管WTO的作用有限，但到目前为止，它仍然是唯一的世界多边贸易框架体系。美国不但在这一框架下实现并巩固了全球第一贸易大国的地位，谋求既得利益的持续性，而

---

① 唐晓云：《美国单边贸易政策和中国贸易收益的风险》，载《世界经济与政治论坛》，2006年第6期，第10页。

且在新的世界经济秩序与规则的建立形成过程中，继续依靠强势的经济霸权，试图在区域经济规则以及双边经济关系协调中，建立更加有利于自身的规则与秩序。在经济实力对比悬殊，加之区域合作不甚紧密、成熟的现实情况下，发展中国家一方很可能将要承担更多的风险。

一、美国贸易政策的四个阶段[①]

第一个阶段，美国从战后鼓吹“充分的多边自由贸易”转向20世纪70—80年代的“自由与公平贸易”，强调双边主义和单边主义。二战后，美国在强大的经济实力支持下提倡多边自由贸易政策，并由此积极促成了GATT的成立为其服务。20世纪70年代后美国的经济地位受到战后迅速崛起的德国和日本的冲击，这个时候美国的保护主义开始复苏，便有了《1974年贸易法》的出台。1988年8月，美国国会又通过了《1988年美国贸易和竞争综合法》，对《1974年贸易法》做了修改：一方面确定了美国政府在参加多边贸易谈判中的授权和目标；另一方面进一步强化了双边贸易中偏向于保护主义的法规。这次法文的修改体现了美国对外贸易政策的重大变化：从极力倡导自由贸易到支持有管理的贸易，进而提倡自由与公平的贸易；从积极鼓吹多边主义转为双边主义和单边主义。然而也正是在这个时候，中美贸易却开始有了日益密切的发展。二战结束，冷战爆发后，美国对前苏联和其他社会主义国家采取了敌视和遏制的战略政策。到了20世纪70—80年代，由于中东产油国因以色列问题运用石油武器制裁美国与大部分欧洲国家，再加上美国深陷越战泥潭，资本主义世界爆发了大规模的经济危机。美国首当其冲，国力

① 苗迎春:《中美经贸摩擦研究》，武汉大学出版社，2009年，第36-40页。

大损，而当时的苏联国力却正处于上升期。在这一时期的东西方对抗中，苏联处于攻势，美国处于被动防御，美国为了牵制前苏联才和当时早已和苏联交恶的中国寻求和解，调整其过去遏制中国的外交政策，转而与中国展开对话、交流与合作。1969年12月，在尼克松政府上台将近一年时，加利福尼亚圣·巴巴拉外交学院举行了一次对华政策研讨会，包括现实主义国际政治大师摩根索（Morgenthau）和前参议院外委会主席富布赖特（Fulbright）在内的许多学者对两任民主党政府的对华政策进行了广泛的讨论。与会者普遍认为，“孤立”中国的政策已经失败，对中国的“遏制”也受到怀疑。在这一时期，美国媒体将中国描述成“可以拥抱的共产主义国家”。中美贸易额从1971年的490万美元迅速发展到1978年的11.47亿美元（见图7-1）[①]。中美两国自1979年正式建立外交关系以来，双边经贸关系总体保持良好发展。

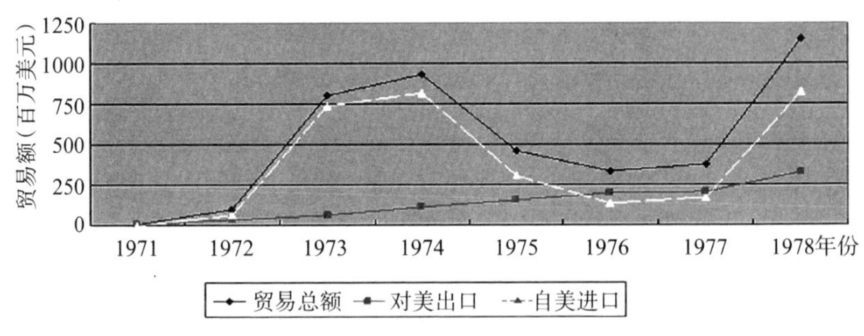

图7-1　中美贸易走势（1971—1978年）

第二阶段是从20世纪80年代的“自由与公平贸易”转向20世纪90年代的“公平贸易”，美国采用强硬的进攻性政策。克林顿政府强调拓展贸易是增进美国人民福利和提高美国生产力的重要方式，为此将贸易政策由“自由与公平贸易”转变为“公平贸易”并将打开

① 资料来源：美中贸易全国委员会，参见肖虹：《中美经贸关系史论（1950- 2000）》，第10页。

外国市场列为其贸易政策目标的首位。美国在进一步开放本国市场的同时强调这种开放必须是公平和对等的，外国市场也必须向美国的商品和劳务开放，否则美国可以实行单方面的贸易制裁。然而即便是在竞赛规则公平方面，判断的标准也是依据美国的法律，允许美国单方面对其所认定的"不公平"的外国竞争伙伴实施贸易报复或制裁。这实际上极大地扩展了美国法律的域外管辖权。以1988年《综合贸易与竞争法》为标志的新互惠主义"公平贸易"全面成为美国贸易政策的主导思想。这一阶段中国申请恢复关贸总协定缔约国地位和加入WTO，美国对华贸易政策的中心工作是与中国谈判基本的贸易协定，推动中国融入以规则为基础的世界贸易体系，集中表现为美国要求中国加强对知识产权的保护，尽可能多地开放中国市场等。在此期间，中美两国的贸易虽难免波折，但得到了史无前例的快速发展。根据中国海关的统计，1978年，中美双边贸易额仅为9.91亿美元；1979年，双边贸易额就猛升至24.51亿美元，是上年的两倍多；1991年，双边贸易额已经达到142亿美元，是1978年贸易额的14.3倍(见图7-2)。[1]

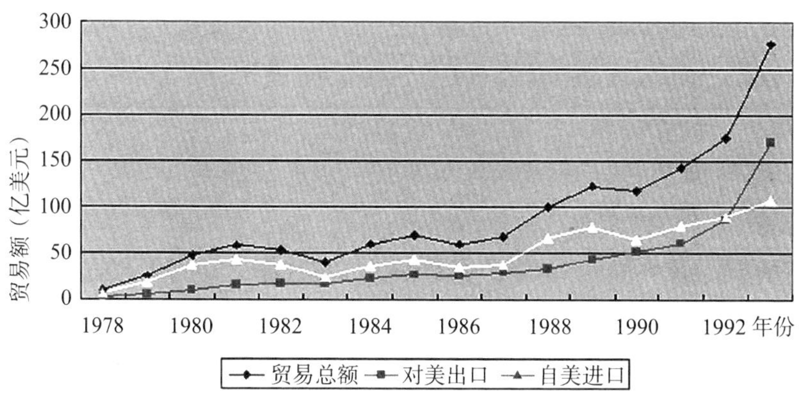

图7-2　中美贸易走势(1978—1993年)

① 资料来源：根据中国商务部网站统计数字整理：http://www.mofcom.gov.cn。

第三阶段是2000—2007年。2001年中国加入WTO，中美经济关系得到了进一步发展，也出现了很多新情况、新问题。由于加入WTO本身的程序性要求以及美国在WTO中事实上的主导地位，中国加入WTO谈判在很大程度上变成了中美两国之间的双边谈判。美国当时同意中国入世的条件极为苛刻，为了重返WTO，中国付出了巨大的代价，在开放市场特别是农产品和服务业市场，以及遵循WTO规则方面都做出了巨大的让步，此外，中国还被迫接受了多项WTO规则之外的超额义务。正如克林顿总统在2000年3月向国会游说PNTR法案的信中所说的："这个协议满足了我们在所有领域设定的高标准，而且，我们没有放弃任何东西。"[①]这样的谈判结果似乎已经充分反映了美国最关切的利益，尤其是美国一直企图打开中国市场的战略目标。然而实际上，中美贸易摩擦并未因中国加入WTO而得到缓解，相反却向更关键、更深层、更宏观的层面发展。加入WTO之后的中美经贸关系的焦点戏剧性地从美国致力于通过加入WTO谈判打开中国市场，转变为美国想方设法限制来自中国的进口。

中国入世的第一年，美国政府就将监督和促使中国执行WTO承诺作为其贸易政策的长期重要目标，随后建立起了由美国贸易代表办公室（USTR）、布什政府贸易政策工作组委员会监督的跨政府部门机构。该机构包括工作组和小组委员会、贸易政策审议小组、国会国家经济委员会，主要依靠商务部、农业部、国务院、财政部、劳工部、美国专利与商标办公室收集信息和作出评估。USTR将中国入世的承诺兑现状况监督作为它的法定义务，自2002年以来，每

① Message from the President of the United States: authorizing the President to terminate application of Title IV of the Trade Act of 1974 to the People's Republic of China and extended permanent normal trade relations treatment to products from China, 106th Congress; 2d Session, House Doc. 106- 207, March 8, 2000.

年向国会提交一份中国加入WTO承诺履行报告。USTR在2002年6月，美中安全审议委员会发表了一份《美中经济关系对美国家安全影响》的报告，认为中国在税率安排方面有些拖延和不协调，颁布了不科学而影响贸易的生物技术法规、没有严格遵守有利于外国保险公司的规定以及在快递服务领域存在限制措施等。同时，美国国会和美国商会也会每年对中国加入WTO的承诺履行情况进行监督。其中，知识产权保护每年都成为中国加入WTO承诺履行中最不受好评的一项工作，美国国会和美国商会几乎每年都把知识产权保护不力列为中国落实WTO承诺的最大不足。并且，绝大多数美国的在华企业也都对中国入世后知识产权的保护工作的改进最为关注。USTR也在2006年的特殊301条款报告中，把中国再次放在优先观察国家的名单中。历次中美商贸联委会（JCCT）讨论的核心议题同样是知识产权保护。实际上，知识产权的问题是一个关系到几乎所有美国在华企业，主要是跨国公司的竞争力和投资利益的问题。不过值得注意的是，在知识产权问题上投入较大精力的是美国政府，特别是USTR，而国会则相对较为冷淡。因为知识产权主要是有关美国跨国公司的在华经营利益，与美国国内的就业等则没有直接关联，所以美国的国会议员对中国的知识产权保护没有表现出像美国商会成员那样的热情。这也是为什么国会议员已经提出过多项与人民币汇率和中美贸易逆差有关的议案，却从未提出过与知识产权问题相关议案的原因。事实上，在中国有投资的美国企业也不希望与中国政府形成对抗，它们仍然要依赖中国政府来解决它们在中国遇到的诸多问题，因此从策略上它们也不赞成美国国会过多地介入，而是更多求助于美国的相关行政部门出面与中国政府进行沟通或对中国方面施加一定的压力。2007年4月10日，美国就中国知识产权保护不力而诉诸WTO争端解决机制，但该案涉及的是视听产品的版权保护以及进口贸易，与美国在华投资并没有直接关联。因此，尽管知识产权仍然将是中美贸易关系中一个持续的热点，但可以预见的是，双方并不会在此问题上出现严重的冲突。随着中国国家创新战略的实施，保护知识产权将日益成为一种内在需要，最终中国将与美国开展合作，主动和积极地保护知识产权。①

中美经贸关系从2002年开始经历了一个空前大发展的过程。两国间从货物贸易逐步扩展到服务贸易、国际投资、经济技术合作等经济生活的各个领域。中美经贸关系相互依赖的格局已经初步形成。双边贸易从2002年的971亿美元，增长到2008年的3337亿美元，年均增幅28%以上。2008年中美贸易顺差达1709亿美元（见表7-1，图7-3）。至此，中美贸易不平衡成为中美两国无法回避的突出矛盾。面对美国日益增长的对华贸易逆差，美国舆论先后抛出“人民币汇率操纵论”、“中国实施不公平贸易论”等观点，在贸易问题上对我国施加了巨大的压力，一再要求我国人民币升值，进一步开放市场，并加强了对华贸易施压的力度。再加上美国自身经济在伊拉克和阿富汗的两场战争中陷入疲软，贸易保护主义抬头，布什政府“接触”和“遏制”的政策双管齐下，以公平贸易为借口的单边主义进一步发展，导致这一阶段中中美两国贸易失衡加大，贸易摩擦加剧，集中表现为美方要求人民币升值、半导体技术之争等。美国对中国的巨额贸易逆差主要原因还是美国自身的产业结构问题所致，而美国坚持实行限制对中国高技术转让的贸易政策，加剧了两国的贸易不平衡。

① 屠新泉：《中国加入WTO以来的美国对华贸易政策》，载《世界经济研究》，2007年第11期，第32页。

表7-1　2001—2008年中美贸易额统计

单位：亿美元

年度	中方统计				美方统计			
	贸易总额	对美出口	自美进口	双边差额	贸易总额	对华出口	自华进口	双边差额
2001	805	543	262	281	1215	192	1023	-831
2002	942	670	272	398	1473	221	1252	-1031
2003	1263	925	338	587	1807	283	1524	-1241
2004	1696	1249	447	802	2314	347	1967	-1620
2005	2117	1629	488	1141	2854	419	2435	-2016
2006	2627	2035	592	1443	3136	500	2636	-2136
2007	3021	2327	694	1633	3251	686	2565	-1879
2008	3337	2523	814	1709	3028	520	2508	-1988

资料来源：中国海关总署和美国统计署网站：http://www.customs.gov.cn; http://www.census.gov/。

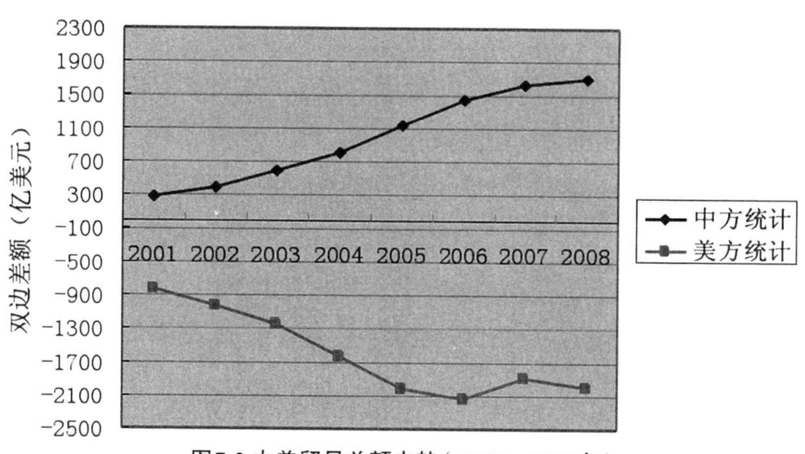

图7-3 中美贸易差额走势（2001—2008年）

注：依据表7-1绘制。

在WTO框架下，中国制造、中国发展遇到了美国的贸易保护和经济政治遏制。布什政府贸易政策的调整包括将多边、区域和双边贸易自由化并举，“通过多条线路共同推进，美国将运用自己的实力促进贸易开放”；同时强化贸易保护，例如2002年3月征收进口钢材附加税并对厚钢板实行进口限制，同年大幅度增加农业补贴，随后恢复了贸易代表的快速处置权，将这些单边措施作为在多边、区域和双边贸易自由化进程中向贸易伙伴施加压力的重要工具。但另一方面，中国方面也开始学会利用WTO有关条款制定保护国内产业的相关政策，尝试利用WTO的多边平台机制同美国加强经济对话与协商。

第四阶段是2008年至今，这一阶段中的两国贸易摩擦加剧是中国贸易大国崛起背景下的必然产物。中国入世以来，美国对华贸易逆差继续扩大，新的矛盾和问题凸显，美国国内贸易保护主义升温，国内部分议员不断就贸易逆差、知识产权保护、人民币汇率问题等提出涉华经贸议案，两国经贸问题政治化的趋势尤为明显。2008年美国次贷危机引发了全球性质的金融风暴，美国经济陷入严重衰退，金融危机使美国的贸易政策正在经历战略转型。

奥巴马政府的贸易政策呈现出抓重点贸易伙伴、抓重点事件与重要话题的特点，在不放弃世贸组织的多边平台的同时，又加紧培育双边及地区贸易关系。美国贸易代表办公室在2010年3月初向国会提交了《2010年总统贸易政策日程》。3月8日，美国与巴西就棉花贸易纠纷达成协议。3月11日，奥巴马在进出口银行年会上宣布美国贸易政策和成立出口内阁。3月15日，美国与澳大利亚开始就“泛太平洋伙伴”计划举行首次磋商。3月16日，美国农业部长维尔萨克向日本政府施压开放农产品市场。3月17日，美国与印度签署“贸易与投资合作框架协定”。随后，贸易代表柯克出访欧洲以推动美欧贸易关系。3月31日，贸易代表办公室首次推出关于美国农产品和技术出口壁垒的报告，涉及60多个国家和地区。[①]

另一方面，就是将拉动美国经济从依赖消费转向更多地增加出口，推行所谓的实用主义自由贸易政策。奥巴马作为民主党人，其贸易政策带有明显的民主党内的自由派和工会利益代言人的贸易保护主义倾向，执政后重新修订北美自由贸易协定（NAFTA）、加强有关劳工和环境方面的条款、敦促在海外扩张的美国企业回归本土、取消跨国公司的税务优惠等主张，都显示奥巴马政府的对外贸易政策已深深打上了贸易保护主义的烙印。其中，限制进口、推动产业回流的相关政策尤为典型：一方面，为了维持美国国内的就业和工资水平，奥巴马政府大力限制劳动密集型产品和自然人流动等服务的进口；另一方面，奥巴马有意施压国会通过法令，取消把业务转移到海外的美国公司所享税务优惠，促使那些公司把业务回流美国，以保证国内就业岗位。可以预计，随着美国隐性贸易保护主义政策的实施，中美贸易摩擦必然增多。[②]奥巴马在2010年1月《国情咨文》中作出承诺：五年内将美国出口总额翻一倍，并创造200万个就业岗位。中国明显已经成为美国实现这一出口计划的最大受害者，这也对我国在今后的关键几年中如何应对挑战提出了严峻的考验。

二、美国对中国的贸易保护具体手段

1. 美国对华采取“反倾销”和“反补贴”，双反并用，此外还有各种保障措施以及技术、环境、知识产权、劳工标准等贸易壁垒的限制。在反倾销领域，美国惯用的手法是将中国视为非市场经济体，

① 刘丽娜、刘洪：《透视奥巴马政府近期贸易政策》，http://news.xinhuanet.com/fortune/2010-04/05/c_1217899.htm，2010年4月5日。

② 徐睿：《遏制与崛起》，中山大学出版社，2009年，第98-100页。

以印度等其他国家为参照物，不考虑中国实际生产成本，以此做出有利于美国企业的判决；但在反补贴方面，美方又实际上把中国作为市场经济体，以所谓政府补贴为名，对中国进行反补贴制裁。根据中国商务部的数据，2010年全年，美国国际贸易委员会共发起58起337调查，其中被诉方涉及中国企业有19起调查，占到了调查总数的三分之一，涉华案件数量又创历史新高。2011年以来，美国经济复苏速度明显加快，但其贸易保护势头不减。仅2011年2月，美国就对中国发起了两次贸易救济行动。美国国际贸易委员会做出终裁，决定对从中国出口到美国的石油钻杆和钻铤征收反倾销和反补贴的双反关税。美国商务部也于1月终裁，认定中国输美的石油钻杆存在倾销和补贴行为，将对这类产品征收最高约达430%的反倾销关税和18.18%的反补贴关税。2月10日，美国国际贸易委员会做出复审终裁，决定继续维持对中国输入美国的镁产品征收反倾销税。此前，美国从2005年4月开始对原产于中国的镁产品征收为期五年的反倾销税，税率为49.66%—141.49%。[①]美国的这些贸易保护不仅有违自由贸易精神，而且也加剧目前的中美贸易摩擦，影响中美贸易关系的发展。

2. 美国对华不断使用“特殊保障措施”。“特保”条款可以说是2001年中国加入WTO时的副产品，作为我国当时为了加入世贸而接受的诸多妥协性条款的其中之一，“特保”条款也是被其他国家多次利用来对付我们的一项条款，应当引起我国的重视。当时规定美国可以对中国相关产品在合适的条件下使用特殊保障措施，其实施的期限为2001年12月11日至2013年12月11日。在随后的8年中，美国先后有六起针对中国的特保调查案被提交给布什总统，但均被

① 杨建：《美对华贸易保护势头不减 经贸关系或呈新动向》，http://www.xinhua08.com/opinion/08gd/201102/t20110213_293131.html，2011年2月13日。

布什否决。特保与反倾销、反补贴等其他贸易救济措施的重大区别在于从特保申请提出到最终裁决的时间很短，一般只有半年左右的时间，但是制裁的时间却很长，通常都会有3年的制裁时间。而"特保"作为一项更有力的贸易保护武器的原因在于它一般不会像反倾销的仲裁那样要求做详细深入的调查，"特保"给予被调查方说明申辩的机会很少。

2009年9月，美国总统奥巴马决定对从中国进口的轮胎实施惩罚性关税，在4%的原有关税基础上，后三年分别加征35%、30%和25%的附加关税，这一项"特保措施(特殊保障措施)"于2009年9月26日正式生效。这项轮胎特保案是奥巴马政府对中国发起的首例特保调查，也是案值最大的一项。特保案的起诉方是美国钢铁工人联合会(USW)，美国钢铁工人联合会早在2009年4月20日上书美国政府，指责中国轮胎制造业对其造成了产业损害，并要求美国政府限制进口中国产轮胎。作为这些"两反两保"案的代表，轮胎特保案让我们更加担心的是，特保救济措施一旦实施，将有极大可能会推动美国乃至世界其他国家的其他产业寻求保护，从而引发更多的贸易保护主义冲突，这是我们所不希望看到的。

3. 美国出台的"购买美国货"和"雇用美国人"双项条款，可能将对我国制造业贸易产生不利影响。2009年2月美国国会众议院和参议院先后通过8190亿美元的一揽子刺激经济计划。两天后，又一条"雇用美国人"的条款也获得了美国国会参议院的口头投票通过。在美国新经济刺激方案中，规定"构成经济刺激计划主体的基建项目，包括联邦建筑和学校，极个别例外除外，将禁止使用外国进口的钢铁材料"。"雇用美国人议案"要求接受政府救助的美国银行在增加雇员时，必须优先考虑雇用美国公民。按照条款的规定，在美国所有使用经济刺激计划资金的公共工程项目所用钢铁必须为美国国产，而且这些工程使用的其他制成品也须由美国制造。与此同时，根据以上条款，加拿大、欧盟、日本等此前与美国政府签有互惠采购或贸易协议的贸易伙伴，受到的影响不大，甚至可以参与并受惠于美国的这项振兴方案。但与美国没有这类协议的如“金砖国家”的中国、印度、巴西和俄罗斯等国的出口，则很有可能因此而受挫。

作为关贸总协定及世贸组织的主要创始国，美国是多边国际贸易规则制定的积极推动者和主要参与者。美国的出口量和进口量在世界贸易中均名列前茅，对世界贸易的发展无疑是有积极贡献的。然而，美国一方面利用WTO体系使美国相关产业通过国际贸易获得丰厚的利益回报；另一方面，美国也在积极研究贸易保护的策略，在WTO的灰色处打擦边球，这主要体现在以下几个方面：1. WTO协议中某些规定的模糊性被滥用。2. 美国的某些法律存在单边主义倾向。3. 美国继续在某些领域实行贸易保护措施。4. 美国在其贸易政策的执行中也存在不规范之处。所以就规则而言，基本上美国体现了国内立法与WTO规则的一致性；但就规则的实施而言，美国贸易保护主义色彩仍比较浓厚。①

2011年已经是中国加入WTO的第十年，中美两国间各种贸易摩擦和争端丝毫没有衰减的趋势，仍然如以往一样状况频发。两国在制造加工业、知识产权、反倾销、反补贴等领域不断发生冲突，并多次诉诸WTO 争端解决机制，而两国在人民币汇率问题上的交锋，更引起了全世界经济政策协调的广泛关注，不难发现，中美经济贸易摩擦已经上升到两国的宏观经济政策的层面。然而，这并不意味着加入WTO 以来的中美贸易摩擦只是此前的重复，事实上随

① 徐立芳：《美国对华贸易政策的政治经济分析》，上海师范大学硕士论文，2009年，第20页。

着中国的经济贸易实力的不断增强，加入WTO之后的中美经贸关系的焦点已经悄然发生了变化。美国从刚开始的致力于通过加入WTO谈判打开中国市场，竟然慢慢转变为想方设法限制来自中国的进口。这与2001年以来美国持续扩大的对华和全球贸易逆差、美国国内经济形势和产业格局的变化、中美在贸易和投资关系上的日益深化、两国国际政治经济地位的变迁等诸多新的因素是密切相关的。这一方面体现出了我国贸易实力的提升，另一方面也不难看出，在持续的中美贸易冲突中，我国一直处于较为被动的地位，对于美国通过WTO来给中国施压的举措缺乏有效的战略应对策略。入世十年后，中美之间的经贸关系已经发展形成了全新的格局：中国大量廉价制成品出口销往美国，支撑了美国消费市场的繁荣，并一定程度上缓解了美国国内通胀的压力，与此同时，中国产业高速发展，成为了美国高科技产品的需求大国。中国的廉价生产成本成为美国在华FDI的主要利益来源，中国巨额的美元储备支持了美元的国际地位，同时对国内的货币发行和通货膨胀带来了很大压力。应该说，中美双方在经贸合作中都有获益，随着中美两国经济关系日益紧密，两国的贸易不平衡问题也将得到更好的解决。中美贸易往来频繁，经济元素相互紧密融合，随着经济实力的逐渐增强，现在的中国比以往任何时候都更有力量，能够对美国产生更多的影响，但不可否认的是如今美国仍然是全球国力最强盛的国家，是世界经济的超级大国，中国对美国的依赖性也不断增加，双方的综合实力以及面临的实际情况已经决定在未来的很多年中，中美合作共赢是大局，是我们共同希望的大局；在合作中有斗争，争取更大的发展空间，这是我们应坚持的策略。

第二节　亚太经合组织中的中美经贸政策立场

亚太经合组织（Asia-Pacific Economic Cooperation，APEC）是继欧盟之后产生的又一个具有代表性的区域性经济一体化组织，推行开放性的多边贸易体制，但与欧盟和WTO不同，其组织形式具有很高的灵活性和非强制性，具有官方经济论坛的性质。自1989年成立以来，APEC经历了创立与区域合作方式初步探索、组织机构建立与目标设立、实质性推进贸易投资自由化和经济技术合作等几个阶段，现已有包括美国、澳大利亚、日本、韩国、中国等21个成员国。APEC领导人非正式会议是APEC最高级别的会议，会议就有关经济问题发表见解，交换看法，会议形成的领导人宣言是指导APEC各项经济工作的重要纲领性文件。由于在社会、文化、政治制度等许多方面的差异，特别是经济上的巨大差异，各成员国之间的合作难免存在许多矛盾和障碍，APEC正是在这种复杂的情况下，避开了社会、政治、军事和制度等方面的问题，把焦点专注在经济上，承认各经济体的多样性和差异性，采取灵活渐进、自主自愿与协调一致相结合的合作方式，为世界贸易投资自由化和经济技术合作开辟了新的运作模式，有效推进了亚太地区区域经济一体化的进程。

APEC经过二十几年的发展，已经逐渐演变为亚太地区重要的经济合作论坛与亚太地区最高级别的政府间合作机制。它在推动区域贸易投资自由化，加强成员间经济技术合作等方面发挥了不可替代的作用。但APEC是一个论坛性质的区域合作组织，奉行开放的地区主义原则，不以建立传统意义上的封闭的、排他的区域经济一体化组织为主要目标。因此，截至目前，它还不能被称为真正意义上的区域一体化组织。尽管如此，各成员国正在通过不同形式、不同层次及不同范围的合作来推动亚太地区经济合作进程，加强区域内贸易投资自由化和经济技术合作，为将来实现经济一体化做出贡献。

一、APEC框架下的贸易投资自由化

作为目前世界上最大的区域经济合作组织，APEC内部的贸易投资额占世界贸易投资总额的比重超过60%。贸易投资自由化和便利化是APEC的长远目标，考虑到APEC成员间经济发展水平存在巨大差异，在实现自由化目标的具体步骤上，APEC采取了区别对待的方式，分别制定了两个时间表，即1994年在印尼通过的《茂物宣言》中所确定的，APEC发达成员和发展中成员分别于2010年和2020年实现投资自由化。此后APEC先后在1995年和1996年通过了实施《茂物宣言》的《大阪行动议程》和《马尼拉行动计划》，开始通过单边行动计划和集体行动计划两种途径，落实各成员对贸易投资自由化的承诺。

长期以来，APEC内部成员由于各自不同的经济地位和经济结构，对贸易投资自由化一直存在不同的理解。美国、新加坡、中国香港等成员主张“零关税”，即贸易投资自由化应该以实现零关税为目标；而中国、日本、韩国等国则认为平均关税在5%以下就是贸易自由化。因此不免产生矛盾，但尽管如此，中国仍然积极参与了APEC贸易投资自由化进程，并取得了显著的进展，表现出了一个负责任的大国形象。在关税减让方面，加入APEC后中国曾在1996年、1997年和2001年大幅削减关税，简单关税平均水平从1995年的35.9%下降到了2010年的9.8%（见表7-2）。

表7-2 中国简单平均关税（1995—2010年）

年度	1995	1996	1997	1998	1999	2000	2001	2002	2003	2004	2005	2006	2007	2008	2009	2010
税率	35.9	23.0	17.0	17.0	16.7	16.4	15.3	12.0	11.0	10.4	9.9	9.9	9.8	9.8	9.8	9.8

资料来源：中国历年IAP，http://www.apec-iap.org/。

非关税措施方面，截至2009年，我国已取消了大部分数量限制措施，在83个关税税目（HS8位码）保留了进口许可证。在服务业市场准入方面，中国在加入WTO后加快了服务业开放步伐，并制定了一系列相关法律，增加了银行、保险、证券、法律服务和零售业等多个服务业部门的投资政策透明度。[①]此外，中国承诺2010年进一步减少非关税措施；2020年前，取消所有不符合WTO协议的非关税措施。这些举措都显示了中国对亚太经济合作的建设性姿态，希望通过我们的努力加快推动APEC的贸易自由化进程。

二、APEC框架下的经济技术合作

经济技术合作是APEC的主要合作议程之一，也是APEC有别于其他区域一体化组织的重要特点。APEC提出经济技术合作是平衡不同成员立场的需要，集中反映了APEC发展中成员通过参与APEC合作缩小与发达成员经济发展水平差距的要求。1998—2009年，APEC共开展经济技术合作项目1750项。从图7-4可以看出，在1998—2000年合作项目年均超过200个，2001—2006年有所下降，但也年均超过100个，由于受金融危机影响，2007、2008年减少幅度比较大，均不足100个，随着全球经济的逐步复苏，2009年情况有所好转，但也没有超过100个。[②]

① 孟夏：《中国参与APEC合作问题研究》，南开大学出版社，2010年，第12页。

② 刘明亮、赵海斌（南开大学APEC研究中心）：《APEC经济技术合作的进展及中国的对策选择》，载《对外经贸实务》，2010年第10期，第26页。

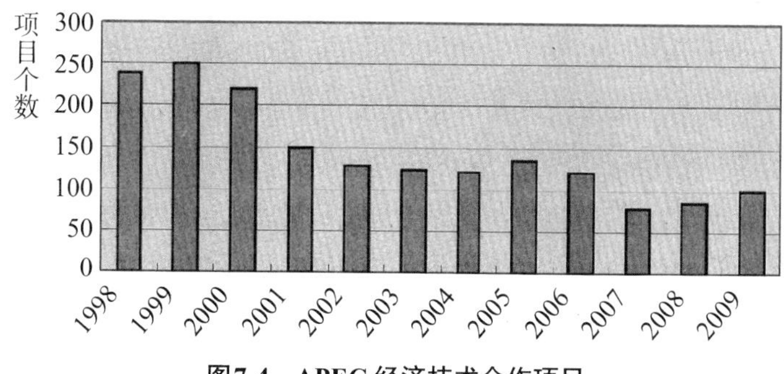

图7-4　APEC经济技术合作项目

资料来源：APEC Senior Officials' Report on Economic and Technical Cooperation(1998-2009)。

贸易投资自由化和经济技术合作是支持APEC的两个支柱，二者应是相互支持、相互促进的互动关系。然而，到目前为止的实际情况是，经济技术合作的发展仍大大滞后于贸易投资自由化。这种现象显然与现实国际经济发展的要求不相符合。造成这种局面的原因是多方面的。根据商务部分析的原因主要有以下几点：首先，一些发达成员对经济技术合作态度消极。其次，APEC成员的多样性特征既为合作提供了前提，也带来了合作的障碍因素。然后是APEC缺少一个操作性强、切实可行的机制，缺少必要的资金、技术和人员，合作项目缺乏足够的资金启动。

经济技术合作一直是广大发展中成员所大力倡导的领域。尤其是在遭受了亚洲金融危机后，APEC各成员国对经济技术合作的重要性和紧迫性有了更深刻的认识，普遍认同经济技术合作将成为亚太经济恢复的重要基础。中国作为APEC经济技术合作的倡导者和积极参与者，一直将推动APEC经济技术合作作为自己参与APEC活动的重要内容。中国承办及参与的APEC经济技术合作主要集中在《马尼拉宣言》所确定的6个优先合作领域，包括人力资源开发、促进持续发展、利用未来技术、加强经济基础设施、振兴中小企业以及发展资本市场。传统的经济合作中，发展中国家希望获得发达国家的资金和技术转移，发达国家则希望打开发展中国家的潜在市场，因此发达国家更加重视贸易投资自由化。现在看来，这种传统的合作驱动机制已经显然无法继续适应新形势下APEC的经济技术合作了。各国想要保持长期合作，需要更加努力地立足本国国情，提高自身合作基础。中国经济虽然得到了长期高速发展，但仍有许多方面需要改进。在APEC经济技术合作中，我国既要适时调整国内经济政策，又要在合作方式上积极创新，利用APEC为我国的经济发展创造更有利的国际环境。

三、中国在亚太经合组织中的经贸政策立场

亚太经合组织是我国最早参加的区域经济合作组织。APEC为中国实现对外开放、实现经济现代化及融入世界经济体系的战略目标发挥了重要的作用。冷战结束后，随着整个国际环境的巨大变化，中美关系经历了一条相当曲折反复的道路。在此期间，APEC扮演着重要的角色，为中美两国提供了一条特殊的沟通渠道，促进了中美关系的发展。中美两国通过APEC这条渠道，加强了沟通和信息交流，增进了相互了解，多次使处于“危机边缘”的中美关系重新回到正常发展的轨道上来。

改革开放以后，中国开始有意识地参与国际多边组织的活动，开始积极发挥在联合国中的作用，加强与世界银行的合作，保持同国际货币基金组织的密切联系。1986年，中国政府向关贸总协定提出申请，要求恢复中国关贸总协定缔约国的地位，却因为各种原因和遭到来自美国等国的多番阻挠，迟迟未能加入GATT，无法参与多边经济组织谈判维护自身合法权益，中国迫切需要加入地区经济合作组织，一方面，可以利用地区经济合作论坛和制度，协调与各

成员国的经济政策，化解矛盾和分歧，为中国经济发展创造有利的环境。同时，中国通过参与地区经济合作，可以学习和了解国际经济惯例，为促进中国国内经济体制改革，最终适应WTO要求的改革奠定了基础。另一方面，中国一时不能“复关”，成为中国积极参与地区经济合作的一种动力和最好的替代选择。[①]加入APEC后，我国与APEC成员国之间的贸易得到了更加迅速的发展，经贸关系不断加深。2008年，中国对APEC各成员国的进出口贸易总额为16377.4亿美元。2010年，中国向APEC成员出口达到了9678.4亿美元，从APEC成员进口9040.6亿美元。一直以来，与APEC成员的贸易占我国对外贸易总额的比重都维持在60%以上的较高水平。其中，美国、日本、韩国、澳大利亚、俄罗斯、中国台北和中国香港等APEC成员一直是我国前十大贸易伙伴。中国大幅降低关税，大力改革非关税壁垒和贸易便利化措施，增加贸易政策透明度，赢得了APEC伙伴国的了解和信任，向GATT成员展现了中国参与全球化的决心，为中国最终入世打下了坚实的基础。

积极参与以APEC为主要依托的亚太地区经济合作，是中国顺应国际形势，创造更好国际环境，加速社会主义市场经济建设的需要，而不只是一时的权宜之计，更好地参与APEC将成为我国的长远战略选择。到目前为止，APEC的成员国对华投资已成为我国外资的最主要来源，我国也有相当数量的对外投资投向了APEC成员国。

加入APEC之后，中国从自身国情和发展中成员的整体利益出发，重点就APEC的性质、运行方式和合作领域等问题，形成了一系列参与APEC经贸合作的基本立场和原则。

① 王逸舟:《磨合中的构建：中国与国际组织关系的多角度透视》，北京：中国发展出版社，2003年，第160页。

中国认为APEC应继续保持经济论坛的性质，作为一个机制化的经济合作组织，APEC的主要议题应仅限于经济事务，非经济事务可以通过联合国、东盟地区论坛等其他更适合的渠道进行讨论和解决。否则，议题的过度衍生会加大成员之间的协调难度，降低APEC的合作效率。因此，中国反对将政治安全议题，以及社会权利、人权、劳工等一系列与经济合作无直接关系的国内问题正式纳入APEC合作议程。①

中国倡导继续坚持"APEC方式"。1996年的菲律宾苏比克会议上，江泽民主席总结"APEC方式"的特点是承认多样性，强调灵活性、渐进性和开放性；遵循相互尊重、平等互利、协商一致、自主自愿的原则；单边行动与集体行动相结合。在集体制定的共同目标指导下，APEC成员根据自身不同的情况，做出自己的努力。江泽民主席还强调，"APEC方式"是一种"行之有效的合作方式"。②

中国一直支持"开放的地区主义"，反对将APEC建成封闭的贸易集团。中国认为APEC的发展不应通过多边协定将自身变成内向的、排他的自由贸易区，而应该通过市场力量的驱动来促进本地区的贸易和投资自由化。认为应该最大限度地推行单边贸易自由化，在区域内以最惠国待遇原则实行自由化时，继续对非成员削减贸易壁垒。中国赞成在双边互惠的基础上对非成员实施APEC的自由化措施，APEC所有成员均有权单方面以有条件或无条件最惠国待遇原则对非成员实施APEC的自由化措施。

中国认为APEC应更加重视经济技术合作，经济技术合作应与贸易投资自由化紧密结合，相互促进。中国认为，要实现亚太经济稳定持续发展，特别要加强科学技术的交流、人力资源开发、基础

① 刘晨阳：《APEC二十年——成就、挑战、未来》，南开大学出版社，2010年，第265页。

② 王嵎生：《亲历APEC：一个中国高官的体察》，北京：世界知识出版社，2000年，第106页。

设施建设等方面的合作，进一步改善投资和贸易环境。[①]经济技术合作能够提高包括中国在内的APEC发展中成员国做出贸易与投资自由化承诺的能力。如果一味要求中国和其他发展中成员国开放市场而在经济技术合作领域止步不前，中国就无力迅速开放自己的市场，硬要开放，中国的经济就不安全。只有把经济技术合作与贸易投资自由化合作置于同等重要的地位，中国才能确保经济安全，这是中国在APEC合作中的一大战略利益之所在。[②]

中国主张亚太经济合作组织应该更多地关注亚洲和国际金融问题，认为APEC各成员国中对国际金融具有影响的大国有责任采取有效措施，加强对国际金融资本流动的监管，协调金融政策，维护正常的金融秩序，遏制国际游资的过度投机，提高对金融风险的预测、防范和救助能力。同时，各成员国应遵循平等互利原则，在国际社会广泛参与的基础上，更好地利用APEC的平台让发达国家和发展中国家有更多的机会参与对话与协商，探讨建立符合各方利益的国际金融新秩序。

四、美国在亚太经合组织中的经贸政策立场

美国是APEC的创始国。但美国在APEC成立的酝酿阶段，并不是积极倡导者，而只是一个被动的参加者。起初，澳大利亚在确定亚太经济合作组织的创始成员时，把美国和加拿大排除在外，但遭到了日本的反对。澳大利亚排斥北美的目的是想把这个组织向西太平洋倾斜，并防止美国主导亚太区域经济合作。在日本的压力下，美国最后成为会员国。[③]一直以来，美国在亚太地区有着长期的、广

① 陈漓高、齐俊妍、张燕:《国际经济组织概论》，北京：首都经济贸易大学出版社，2010年，第249页。

② 喻常森:《亚太地区合作的理论与实践》，北京：中国社会科学出版社，2004年，第167页。

③ Dilip K. Das, *The Asia-pacific Economy*, Lpswich Book Co.Ltd., Lpswich, Suffolk, 1996: 65.

泛的利益联系和影响。但是，冷战时期，美国为了遏制苏联，将其对外经贸关系和战略的重点放在欧洲。冷战结束后，经济因素日显重要，美国对外政策的重心开始从欧洲向亚太转移，开始“重返亚洲”。

早在1978年，美国国会就曾经提出在亚太地区建立一个经济合作组织的粗略构想。20世纪90年代后，随着欧洲一体化进程的不断推进，世界经济的区域一体化、集团化趋势日益显著，美国贸易政策的地区主义倾向也日趋明显，1989年，美国提出了“扇形结构”的亚太战略，即以美国与日本、韩国以及部分东盟国家间的双边贸易关系为扇骨，并以APEC为连接各双边机制的战略纽带，维护美国在亚太地区的战略地位。此后，为了进一步加强对亚太地区的影响力，美国的历任政府又先后提出了所谓“新太平洋共同体”、“亚太经济共同体”等构想。进入21世纪后，美国开始继续强化其亚太战略，积极推动“亚太自由贸易区”从构想走向现实，并通过建立“10+6”机制向东亚地区渗透其影响力。通过建立区域合作关系，可以扩展美国的经济合作空间，并借此加强国与国之间的政治联系，提高本国在多边谈判中的政治地位。[①]美国参与亚太区域经济合作是有其深远战略考虑的。从经济上看，美国希望通过主持建立APEC合作，打开亚太市场，实现亚太地区的贸易投资自由化，从中获取更大的经济贸易利益；从政治角度，美国不希望当一个东亚联盟体出现的时候自己被排除在外，东亚很可能成为世界上最具发展动力的区域，美国当然试图参与并主导东亚的国际合作。另外，美国还可能希望利用APEC 推动全球经济自由化政策环境，并在多边贸易谈判中，将APEC作为美国制衡欧盟的一个有力工具。通过

① 张蕴岭、沈铭辉：《东亚、亚太区域合作模式与利益博弈》，北京：经济管理出版社，2010年，第256页。

参与亚太经济合作，美国可以与迅速崛起的亚太各国建立更加稳定的经济贸易往来，同时它在亚太地区的传统影响力也可得以维护，政治地位得到巩固。

一直以来，美国都企图将APEC的讨论议题从经济问题扩展到政治、安全等其他领域。特别是2001年10月上海APEC会议以后，安全议题、能源问题、气候变化和反腐败等新议题被引入APEC议程，其中很多议题是非经济议题。这些新议题在一定程度上反映了APEC全体成员对地区安全利益的共同关注，但同时也明显体现出作为APEC重要成员的美国的亚太安全战略安排。第一届APEC非正式领导人会议就是在这种情况下由美国倡导召开的。会议首次提出了"新太平洋共同体"，希望建立以贸易自由化为基础的经济一体化，以美国为中心的多边安全机制，以美国价值观为标准的民主化。"9·11"事件后，"反恐"俨然已经成为APEC每次会议的主要议题，APEC也成为美国在亚太安全的重要依托。

在APEC成立之初，美国就希望其能由松散的论坛向机构化、制度化方向发展，一个更加制度化的APEC更容易受控。为避免与东亚成员直接冲突，美国官员很少在APEC会议上过分强调机制化建设主张，但其观点很容易从提交的合作建议与行动方案中推断出来。例如，"APEC应当实施强制性行动日程表"、"APEC将成为世界上唯一一个针对多样化经济体的自由化进程而建立了一个透明机制的论坛"。[①]此外，美国还着力推进IAPs的模式化和可比化，积极提出自愿提前贸易自由化部门以及"探路者方式"等机制化尝试。与此同时，美国政府试图倡导"APEC plus"、"灵活的协商一致"以及"决定性表决"等方式来带动那些被认为是"拖APEC后腿"

① Oxley, A., "Reform of APEC", paper presented in APEC Study Center Consortium Conference, APEC Secretariat, Singapore, 2005.

的成员。[①]

美国主张APEC"全面性"和"有条件的互惠减让原则"的贸易自由化。其中的"全面性"指所有经济产业领域的贸易自由化，反对将农产品等敏感产品特殊化排除在自由贸易之外。美国认为"全面性"是贸易自由化的基础。另外，"有条件的互惠减让原则"指APEC的贸易自由化应实行内外有别的互惠，对区内和区外的经济体应区别对待。区内贸易自由化的成果不能自动提供给非成员贸易伙伴，对非成员的贸易自由化合作应建立在互惠的基础上。

在贸易投资自由化与经济技术合作两方面发展不平衡问题上，以美国为首的发达成员感兴趣的主要还是贸易投资自由化，对与发展中成员国的经济技术合作态度消极甚至阻挠。美国始终坚持以贸易投资自由化作为APEC议程的中心议题，而经济技术合作则是起辅助支持贸易投资自由化的作用。美国认为如果APEC发展中成员坚持自由市场经济，将通过动态比较优势的升级逐步提高自身的技术创新能力，并最终从贸易和投资自由化中获取利益。因此，美国不愿像OECD援助发展中国家那样提供任何资金，来帮助其他较不发达成员缩小经济技术差距。美国对技术交换合作建议的反应，再一次体现出了它希望保持相对其他国家的技术领先优势，以及严格限制对APEC的一些成员，特别是中国的技术出口的战略。奥巴马上台后，美国经济形势严峻，国内失业率高升，企业投资意愿下滑。与此同时，中国经济在2009年第二季度率先在东亚地区实现V型反弹，东亚一体化进程加快。这种情势加剧了美国对自己"地位衰落"以及"在东亚地区一体化进程中被边缘化"的担忧。当时，随着中国—东盟"10+1"进程的推进，日本由于担心在地区一体化进程中

① 李文韬：《美国推进亚太自由贸易区战略构想的政治经济分析》，载《亚太经济》，2009年第1期，第38页。

降为次要参与者，采取了一系列对美强硬政策，先后提出“亚洲货币联盟”、“人民币与日元合作”等金融方案。在2009年11月新加坡APEC峰会召开之前，美国助理贸易代表卡特勒在众议院听证中警告：“某些组织机构正在趋向以亚洲为中心。这将导致美国参与亚洲地区经济事务的机会被削减。”美国“应采取措施，改变在亚太地区一体化进程中的被动地位”。一方面，美国对发展中国家提出的经济技术合作等问题，反应冷淡；另一方面，在把APEC作为提高美国影响力的工具方面，却行动积极。APEC会议刚结束，美国立即举行了美国—东盟高峰会谈，显示出美国对APEC这一跨太平洋与亚洲地区组织施加影响，介入东亚一体化进程，强化美国在亚太地区领导权的强烈意图。①

美国国务卿希拉里·克林顿为2011年10月11日出版的《外交政策杂志》（*Foreign Policy Magazine*）11月号撰写了名为《美国的太平洋世纪》的评论文章，论述21世纪的亚太地区对美国的重要性及美国对该地区的参与。其中明确指出：“随着伊拉克战争接近尾声以及美国开始从阿富汗撤军，美国现在处于一个转折点。在过去10年中，我们向上述两个战区投入了巨大的资源。在今后10年中，我们对在哪里投入时间和精力需要做到灵活并有系统性，从而让我们自己处于最有利的地位，以保持我们的领导作用，保障我们的利益，推进我们的价值观。因此，今后10年美国外交方略的最重要的使命之一将是把大幅增加的投入——在外交、经济、战略和其他方面——锁定于亚太地区。”“利用亚洲的增长和活力是美国的经济和战略利益的核心，也是奥巴马总统确定的一项首要任务。亚洲开放的市场为美国进行投资、贸易及获取尖端技术提供了前所未有的机

① 周忠菲：《从APEC到TPP——美国区域政策新动向》，载《中国经贸》，2010年第12期，第30-39页。

遇。”希拉里的文章中还谈到，美国与中国必须密切合作以保障全球未来的强劲、可持续且平衡的发展。“我们必须继续增进这种合作。美国企业需要公平的机会向中国日益扩大的市场出口，扩大出口将能增加在美国本土的就业机会，同时保证美国在中国的500亿美元投资能够为有助于增强在全球的竞争力的新的市场和投资机会奠定一个稳固的基础。同时，中国企业希望能够从美国购买更多的高科技产品，在美国进行更多的投资，并获得与市场经济同等的准入条件。我们能够为实现这些目标共同努力，但中国仍然需要采取重要的改革步骤。具体而言，我们正在努力要求中国停止对美国和其他外国公司或它们的创新技术的不公平的歧视行为；撤除对本国企业的优惠待遇；并终止那些不利于甚或盗取外国知识产权的行为。我们希望中国采取步骤，允许人民币对美元以及对中国其他主要贸易伙伴的货币的汇率更快地升值。我们相信，这些改革将不仅有利于我们两国（这些改革步骤确实将有助于中国实现其包括扩大内需在内的五年计划目标），同时还将有利于全球的经济平衡和可预见性以及更广泛的繁荣。”

五、亚太经合组织中中美两国的博弈

中美两国分别是亚太地区最大的发展中国家和最大的发达国家，在亚太事务中占有着举足轻重的地位，两个大国之间的战略政策博弈也对亚太地区，乃至对整个世界经济局势产生非常重要的影响。APEC 作为中美共同参加的区域性组织，不仅为亚太地区国家开展广泛合作提供了更多机会和渠道，而且已经成为亚太区域中的两个大国政治交往、战略博弈的重要平台。

冷战结束以来亚太地区力量对比经历了一个发展变化的过程。从综合实力上讲，美国仍然是亚太地区的超级强国，但随着亚太地区一批新兴国家的崛起，经济实力的不断增强，给美国的霸权带来了挑战，对美国在亚太地区的战略实施产生了制约。这个时期，中国的综合国力和国际影响力有了显著提高，中国一直以积极负责的姿态活跃在亚太舞台上；俄罗斯经济复兴政策已见成效，正加大与东亚的外交力度，另外，俄罗斯的军事实力仍然是美国称霸世界最大的制约因素；日本虽是美国的盟国，但日本舆论对美国主导的世界经济体系颇有微词；东盟虽失去了20世纪90年代上半期所呈现出独立自主的作用和倾向，但不会坐等被边缘化。总的看来，当前亚太各主要力量间正在形成一种新的相对均衡状态，形成既相互联系又相互制约的关系。这将促进亚太主要力量间的战略平衡形成，从而奠定地区秩序赖以形成和发展的基础。[①]

一路走来，中国在APEC中的角色经历了极为微妙的变化发展过程。1997年金融危机之前，中国与东盟等其他发展中成员一道维护发展中成员的利益，在APEC贸易和投资自由化、便利化时间表、行动计划的制定方面制约美国等发达国家成员过分依据发达国家成员的利益来制定。以西雅图APEC年会为起点，美国开始积极主导APEC的发展，并将APEC作为其实现所谓的“新太平洋共同体”的工具，希望将APEC建成具有法律约束力的自由贸易区。中国则希望能通过APEC促进中国与东亚其他国家的关系发展，积极与成员国建立起联系和信任机制，树立负责任的大国形象。同时，中国也希望能够在APEC中找到自身的明确定位，在共同应对的国际问题上提出和倡导自己的主张，发挥自己的影响力，为中国经济发展创造更为有利的国际环境。APEC已经成为中国经济发展战略和外交战略的一个重要舞台，中国支持亚洲成员特别是发展中国家成员对

① 王巧荣：《APEC与中美关系》，中共中央党校博士论文，2003年，第39页。

APEC的政策主张，在APEC中发挥了重要的制衡作用。总的来说，从中美两国政治、经济、安全战略目标来看，美国需要中国的合作以增强其在亚太地区的影响力，中国也需要美国的支持与合作以发挥其在亚太地区的积极作用，共同产生国际性的影响。因此，APEC是发展中美经贸关系、共同发挥各自在地区事务中促进作用的重要平台。而近几年中国快速发展，2008年金融危机后美国经济实力相对下降，中国国际影响力的相对上升，区域内国家的外交与防务政策在中美两国之间的“再调整”，使中美关系数度紧张。

中美两国对东亚区域安全与繁荣负有重大的特殊责任。未来中美关系的稳定和发展，需要两国领导人在共同利益的领域采取积极的合作行动，建立政治互信，就可以试着在一系列复杂和敏感的问题上建立起“共识”，对于有争议的问题领域，中美之间更多地应该寻求管理分歧的现实途径。在这个过程中，中国作为一个发展中大国，应加强大国责任意识，坚持互惠共赢，才能稳健地走好大国协调的每一步。

第三节　世界银行中的中美政策立场

世界银行集团成立于1944年，是联合国所属的经营国际金融业务的机构，也是全球最大的发展援助机构。世界银行集团由先后成立的国际复兴开发银行、国际金融公司、国际开发协会、解决投资争端国际中心和多边投资担保机构五个相关机构组成。这五个机构皆为各成员国共同所有，成员国拥有最终决策权，截至目前，世界银行已经拥有187个成员国。中国是世界银行创始会员之一。

一、世界银行中国业务概况

1980年5月，中国正式恢复在世界银行的合法席位。当时的中国是世界上人口最多的低收入发展中国家，急需大量资金和技术援助。世界银行集团作为一个多边开发机构，与中国的合作对于其本身的业务发展也具有重要的意义。改革之初，充满潜力的中国市场刚好是世界银行提供贷款、实现其推动发展中国家中长期发展宗旨的理想场所。1981年世界银行向中国提供了第一笔贷款，用于支持建设“大学发展项目”。1982—1986年间，世界银行共投资2亿美元，用于支持中国28所重点大学改善办学条件，开展人员培训，前后共有400多位外国专家来华讲学，2767位留学生得以出国进修。中国1993年开始直到1999年，一直是世界银行投资项目贷款的最大借款国。贷款项目主要涉及农业、工业、林业、水利、扶贫、交通、卫生、教育、能源、城市建设和环保等国民经济的各个重要领域。此外，世界银行除了提供大量项目贷款和技术援助外，在中国还进行了大量经济调研，为中国的改革提出指导和建议。

表7-3　世界银行对中国的贷款情况

单位：百万美元

年度	硬贷款	软贷款	总额
1981	100.00	100.00	200.00
1982	-	60.00	60.00
1983	463.10	150.40	613.50
1984	616.00	423.50	1039.50
1985	659.60	442.30	1101.90
1986	687.00	450.00	1137.00
1987	867.40	556.20	1423.60
1988	1053.70	639.90	1693.60

续表

年度	硬贷款	软贷款	总额
1989	833.40	515.00	1348.40
1990	-	590.00	590.00
1991	601.50	977.80	1579.30
1992	1577.70	948.60	2526.30
1993	2155.00	1017.00	3172.00
1994	2145.00	925.00	3070.00
1995	2369.50	630.00	2999.50
1996	2100.00	480.00	2580.00
1997	2490.00	325.00	2815.00
1998	2323.00	293.40	2616.40
1999	1674.40	422.61	2097.01
2000	1672.50	-	1672.50
2001	787.00	-	787.00
2002	562.90	-	562.90
2003	1145.00	-	1145.00
2004	1218.00	-	1218.00
2005	1030.00	-	1030.00
2006	1454.33	-	1454.33
2007	1641.00	-	1641.00
2008	1513.40	-	1513.40
总计	33,740.43	9946.71	43,687.14

资料来源：http://www.worldbank.org。

世界银行为中国提供贷款，主要目的是促进中国经济与世界经济的融合；深化中国对多边经济机构的参与，降低对内、对外贸易和投资壁垒；为中国的海外发展援助提供帮助；减少贫困、不平等和社会排斥；推动城镇化均衡发展等。[①]翻翻世界银行的贷款数据，我们不难发现，与其他国家相比，中国在世界银行借款的时间虽不算长，但借款业务的发展规模却相当可观（见表7-3）。中国从刚开始的一个2亿美元的项目发展到1994年的14个项目，贷款额达到30.7美元。根据外交部的数据，截至2011年2月28日，国际复兴开发银行对华承诺贷款累计约达381亿美元。1999年，由于中国的人均收入已超出获得世界银行软贷款的最低条件，世行在2000年取消了对中国的软贷款。由上表也可看出，随着中国财力的不断增强和对外资需求的减少，世界银行对中国的硬贷款的总额也有所下降。从贷款地区分布来看，刚开始中国的沿海地区是世界银行投资的主要集中地区，贷款主要投入于帮助当地城市发展和环保建设。改革开放之后，中国东部沿海的迅速发展，取得了巨大的成就，世行的援助计划就将重点更多地转移到了中国内陆相对贫困和欠发展的中西部地区。对中西部地区的贷款主要用于当地基础设施建设和水资源节约建设等。大量的世行贷款投到了中国，导致我们在利用这些贷款资金以及吸引外资方面，资金的使用规模和效率很可能将成为新的焦点。严格来说，世行贷款项目是银行与借款国双方共同的投资行为。在双方各自有自己的投资方向和政策要求的情况下，只有当世界银行和贷款国之间达成基本一致时，双方才能开始合作。这就要求我们从项目投资前就明确方向，提高效率，翔实资料，准确数据。贷款项目执行过程中协调统一，抓好费用的控制和配套资金监督，以确保项目的顺利实施。

二、世界银行的政治化与其背后的美国

世界银行成立之初的目的是帮助战后国家恢复重建和经济发

① 陈漓高、齐俊妍、张燕:《国际经济组织概论》，北京：首都经济贸易大学出版社，2010年，第247页。

展，其初衷原本是“绝不干预任何国家的政治问题，一切贷款决策仅仅考虑经济问题”。然而，事实证明世行并没有一直坚持这一初衷。前世行行长乔治·伍兹在任期间，世行甚至开始介入借款国的经济政策制定工作，如迫使印度采取货币贬值政策等。世行的结构调整贷款则更加扩大了世行贷款的影响范围，借款国经济生活的各个方面都不同程度地受到了世行的影响和干预，如劳工法规、保健政策和军事开支等。作为世界银行的最大股东，美国经常操控世行的内部事务，并试图通过世界银行实现对其借款国的干预。一直以来，美国认缴的股金始终远远超过其他国家，也曾经是世行发行筹资债券的唯一市场。1945年世界银行成立之初，美国占有世行35%的投票权份额。近些年来，尽管发展中国家的股权有所增加，美国在世行的股份有所减少，但美国仍是世行的最大股东，世行行长的人选仍由美国提名，必须是美国公民，并且美国仍是唯一一个可以否决世行协定修正案的成员国。而发展中国家作为世行成员却并没有什么发言权，一直被排除在世界银行的决策机制之外。

起初是作为一个开发援助机构的世行，后来发展出的一项重要职能竟然是能够影响借款国家的政治和战略，干预借款国的土地改革、工业政策和对外贸易等问题。有资料显示，二战后，迫于美国“遏制共产主义”的战略，世界银行曾经拒绝援助萨瓦多·阿连德的智利政府，并取消了越南的贷款计划。然而，美国的友邦，泰国、印尼、菲律宾等国，即使它们没有达到世行规定的债信标准，却依然获得了世行的慷慨援助和大笔贷款。世行的结构调整贷款大多要求借款国必须发展市场经济，使得世行得以成为美国推行外交和经济政策的一个重要辅助工具。美国国会每年都在IDA拨款法案中增加部分修正条款，并操纵美国执行董事的投票。美国国会对待世界银行的态度没有党派之分。重视商业利益的议员欢迎世行提供贷款援助美国公司；支持自由市场的议员赞成世行开辟第三世界的广阔市场；孤立主义分子指责世行利用美国的捐助培养美国的竞争对手；左翼分子认为世行是西方强国控制第三世界国家的金融工具；自由派希望美国积极捐款帮助世界消灭贫困；进步派则谴责世行的环境问题和人权问题。批评意见虽然很多，但是支持者和反对者都认为世界银行的种种问题都能得到解决，而且他们都希望能够更多地控制世界银行的决策。[①]

世界银行贷款多以外汇形式发给借款国家，同时要求它们以相同的货币偿还贷款。为了获得维护资金偿还所借的世行贷款，借款国家必须与发达国家进行贸易往来，并努力实现顺差，然而，发达国家当然也希望在国际贸易中实现顺差，在“公平、自由”的国际贸易中，[②]发展中国家与发达国家的矛盾似乎难以避免。最近几年来，中美两国在人民币汇率问题、两国贸易不平衡问题上，出现了严重分歧。美国行政当局通过财经外交的手段向中国施加压力，逼迫人民币持续升值。实际上，中国对美国出口的产品，很多是由在华的美国公司利用中国的廉价劳动成本制造出来后销回美国供美国消费者使用的，投资获利方是美国企业。然而中国却在获得对美贸易顺差的同时，国内市场被开放力度很大，从包括美国在内的贸易伙伴进口了大量商品，但与东盟、韩国等贸易伙伴之间存在大量的贸易逆差，因此中国的进口增长实际上快于出口增长。对此，我们需要有清醒的认识。中美两国在文化、价值观、政治制度等方面存在重大区别，在“人权”等基本价值观方面的矛盾长期存在。美国的国家利益是其一切政策的出发点。从美国的整体战略意图出发，他们不愿看到一个能同其抗衡的中国迅速崛起，要千方百计地加以

① 凯瑟琳·考菲尔德:《世界银行幻想大师》，南京：江苏人民出版社，1998年，第185-194页。
② 何曼青、马仁真:《世界银行集团》，北京：社会科学文献出版社，2011年，第80页。

制约。这就更要求我们准确地把握形势，审慎地处理好当前的中美关系，要接触，要解释，要晓之以理，使美方认识到处理好中美关系真正符合双方的国家利益。

三、世界银行投票权之争

随着经济自由化的推进，世行对非经济领域的渗透也有所加深，不出所料，也走向了经济问题政治化的道路，这是发展中国家所不愿看到的，也违背了世界银行作为国际机构的基本宗旨。世界银行近年来的政治化倾向与国际形势的变化是分不开的。20世纪90年代以来，以美国为首的发达国家加强了对世界银行和国际货币基金组织等国际金融机构的干预，试图利用多边渠道来实现自己国家的政治和经济野心。受到操控的世界银行开始加大对发展中国家非经济领域的干涉力度，这在某种程度上是对发达国家压力的屈从。冷战结束后，美国在政治上追求民主化，在经济上推行私有化，世界银行成为了满足这些国家企图的工具，试图通过有条件的贷款来干预其他国家的非经济事务，对此，相关发展中国家在表示不满的同时，也进行了抵制。长期以来，国际舆论一直呼吁改革美国控制世界银行的局面，担心世行沦为美国金融霸权的工具。

技术上来说世界银行是联合国的一部分，但它的管理结构与联合国相差很大：每个世界银行集团的机构的拥有权在其成员国政府，这些成员国的表决权按其所占股份的比例不同。每个成员国的表决权分两个部分：第一个部分是所有成员国相同的，第二个部分按每个成员国缴纳的会费而不同。因此世界银行从建立至今，虽然其大多数成员国是发展中国家，但由于表决权的问题，世行仍主要受控于少数发达国家。美国一直控制着世界银行绝大部分的投票权，发展中国家的意见长期不能得到合理充分反映，这与当前发展中国家经济快速发展的国际经济格局已经不太相称。世界银行行长佐利克也曾提出，在这一情况下，必须构筑一个更负责任的全球化模式，这包括重视发展中国家在世界经济中的作用，构建一个兼有平衡性与包容性的全球经济多极增长模式。

作为对2009年匹兹堡峰会承诺的兑现，世界银行发展委员会2010年4月25日通过了发达国家向发展中国家转移投票权的改革方案，这次改革使中国在世行的投票权从2.77%提高到4.42%，成为世界银行第三大股东国。与此同时，日本、英国、法国、德国投票权都有不同程度的消减。本次改革中，发达国家向发展中国家共转移了3.13个百分点的投票权，使发展中国家整体投票权从44.06%提高到47.19%。日本的投票权由7.62%变为6.84%。美国的投票权，依然是一家独大，为15.85%，由于世界银行任何重要的决议必须由85%以上的表决权决定，美国一国仍然可以否决任何改革。这也就意味着任何改变世行现状的决议，都需要有美国的同意才能顺利实现，因此美国能够一如既往地通过这一机制维护其既得利益。但通过这次改革，至少在名义上，投票权的调整确实对发展中国家和转型国家有所倾斜，以中国、印度为代表的发展中国家的话语权有了提高。

在对投票权改革的同时，2010年4月25日的会议还决定对世行进行总规模为584 亿美元的普遍增资，提高世行支持发展中国家减贫发展的财务能力。对于这次自1988 年以来的首次普遍增资，英国《金融时报》评论说，世行对投票权进行的改革是增资的条件，新兴市场国家获得更多的投票权也可看作为增资做出更多贡献的回报。对于这一重大改革，美国财政部长盖特纳当天表示，世行投票权的新框架将更好地反映发展中和转型国家在全球经济中的权重，同时保护最小和最贫穷国家的话语权。值得注意的是，目前的改革仍不能对原有的布雷顿森林体系机构造成重大改变，发达国家控制世界银行的局面一时仍无法改变，改革将是长期与艰难的。有专家指出，对于国际金融体系的改革，实际上美国不愿意进行“伤筋动骨”式的改造，而只想搞些“小修小补”的工作，比如适当加强监管、有限增加某些国家在国际货币基金组织和世界银行中的份额等等。因为美国的底线有两点，一是任何国家不得削弱美国对国际货币基金组织和世界银行的控制权；二是任何改革建议不得动摇美元的支柱地位。①

表7-4　世界银行投票权前10国家

名次	国家	改革后投票权（%）	改革前投票权（%）
1	美国	15.85	15.85
2	日本	6.84	7.62
3	中国	4.42	2.77
4	德国	4.00	4.35
5	法国	3.75	4.17
6	英国	3.75	4.17
7	印度	2.91	2.77
8	俄罗斯	2.77	2.77
9	沙特	2.77	2.77
10	意大利	2.64	2.71

资料来源：http://www.worldbank.org。

投票权的提高与我国经济实力和国际形象的提升固然是分不开的，它体现了中国在国际经济体系中的重要性的提高，这同时也意味着我们需要承担更多的国际责任。但是投票权的提高还有另外一个不可忽视的重要原因，那就是，世界银行的这次改革实际上是世

① 刘洪、张莫、肖莹莹：《话语权体系改革开了好头路还长远》，载《经济参考报》，2010-04-27。

行的增资需要。世行需要大规模增资，才能发放更多的援助贷款，而日本、欧洲各国在金融危机后都各自陷入困境，经济状况萎靡，难以对世界银行的此次增资做出贡献，为了维持世行现有职能的正常运转，必须找到一些更大的出资人来满足新的增资需要。而以金砖国家为代表的这些转型中的发展中国家正是潜在的理想出资人，它们在经济发展的同时累积了巨额外汇，其比重占到了全球外汇储蓄的40%。与此同时，这些新兴经济体国家正希望在国际事务中有更合理的地位和更大发言权，它们在增资方案中必然起到重要作用。投票改革中，引起广泛关注的是发达国家对发展中国家的投票权转移3.13%。但在改革的具体方案中，如果我们仔细观察就可以看出：1.利比亚、委内瑞拉、尼日利亚、巴基斯坦等国的投票权比重均有不同程度的下降，仅这四个国家的下降总和就达到了0.38%，而这些国家或是与美国交恶或是在中美关系之间存在微妙的权衡关系；2.拥有4500多亿美元外汇储备的俄罗斯，成为金砖国家中唯一一个投票权没有增加的国家；3.韩国、墨西哥等国的投票权也获得了大幅提升。可见，作为世界银行规则的主要制定者——美国，我们并不能排除其在这次世行改革中实施了一定的政治制衡，甚至是分化策略的考虑。[①]事实上，美国和欧洲长期以来一直在世行和国际货币基金组织里占据主导地位，尽管承认中国、巴西等新兴市场国家影响力不断增强，但它们仍不愿放出权力。在世行的经济学家们看来，中美在世行投票权之争的背后，也是发展中国家与发达国家不同的宏观经济路径选择带来的必然冲突。因此，中国要在下一步工作中努力改善和促进全球经济的再平衡，中国应在国际事务中承担更多责任，在面对持续蔓延的主权债务危机中，着力改变当前

① 徐奇渊:《冷眼旁观世行投票权变化》，载《资本市场》，2010年第6期，第86页。

世界银行出现的信用危机。同时，在处理发达国家和发展中国家矛盾时，中国既要平衡好发展中国家整体利益与发达国家的利益，又要平衡好中国自身利益与其他发展中国家的利益。

2011年2月发布的《2010年世界银行集团战略、政策和业务动态》指出，我国与世界银行的合作在经过30年历程后将进入一个新的阶段。一方面，利用世界银行贷款和知识产品，服务于国内经济社会发展大局，仍是今后一个时期我国与世界银行开展合作的重点方面；另一方面，客观上我国利用世界银行贷款需要进一步强调项目的创新性，提高项目的附加值，向中西部地区和经济社会发展的薄弱环节倾斜。在国际金融危机逐渐退去，全球经济企稳复苏之际，各方要求世界银行制定危机后战略的呼声逐渐加强。2010年，经过各方多轮讨论，最终，世界银行在春季会议上通过了危机后五大战略方向：扶贫济弱、创造机会促进增长、促进全球集体行动、促进治理、管理风险以防患于未然。这些战略方向，为世界银行适应危机后变化的国际发展格局、促进多极增长和包容、可持续的全球化提供了清晰的路线图。在这场关于危机后的世界银行战略讨论中，发达国家和发展中国家立场不同，争论不断。发达国家从自身利益出发，希望世界银行与其他多边机构有所分工，将战略重点放在全球公共产品，特别是应对气候变化方面，甚至个别发达国家提议改变世界银行的减贫宗旨。而广大发展中国家普遍认为，世界银行对于纠正全球发展不平衡负有特殊的责任，应当继续通过向发展中国家转移资源，实现全球经济的平衡有序发展。[①]随着世行改革的进一步推进，中美在世行的博弈还将继续。自1980年中国正式恢复在世界银行的合法席位至今的30多年来，中国从单纯向世行借款到主动

① 丁莉娅：《我国与世界银行合作将进入新阶段》，载《中国财经报》，2011-02-17。

为其捐款；从向世行引进“外脑”到共享中国经验；从普通成员国到第三大股东国，美国在其中的每一步都试图控制中国与世界银行的合作，但无法阻挡中国经济的高速发展，中国在世行的更多合作也推动中国在世界经济中扮演越来越重要的角色。

第四节 美国对中国参加区域贸易协定（东盟10+1等）的政策立场

区域贸易协定（Regional Trade Agreement，RTA）是指两个或两个以上的国家或地区以成员间清除各种贸易壁垒和阻碍生产要素自由流动的歧视性经济政策为目标而缔结的贸易条约或有法律约束力的政府间经贸安排。[①]自WTO成立以来，以建立自由区（Free Trade Areas，FTAs）为基本内容的各种区域贸易协定（Regional Trade Agreements，RTAs）的数量一直呈上升趋势。世界上各个地区的国家普遍热衷于区域贸易协定的谈判与缔结。截至2010年7月31日，已经通报GATT/WTO的区域贸易协定达到474个。其中有351个基于GATT第24条缔结，31个基于授权条款缔结，92个基于GATS第5条缔结。除了蒙古国之外，其他所有WTO成员都隶属于一个或多个区域贸易协定。区域内贸易总量占国际贸易总量的比重已超过50%。

按照区域经济一体化的理论，把区域贸易协定分为6类：最优贸易安排、自由贸易区、关税同盟、共同市场、经济联盟、完全的经济一体化。传统的区域贸易协定旨在对货物贸易的关税进行削减和取消、非关税壁垒的禁止和限制，现在区域贸易协定的内涵正在

① 左海聪：《国际经济法》，武汉大学出版社，2010年，第438页。

扩大，区域贸易协定除了扩展到服务贸易的自由化之外，正在向投资规则、竞争规则、环境政策和劳工条款等与贸易直接或间接相关的领域迈进，一批新生代的区域贸易协定（new generation of RTAs）正在形成之中。区域贸易协定不仅起源于欧洲，而且集中于欧洲，但是区域贸易协定谈判活动的中心正在发生新的变化，亚太地区正在成为区域贸易协定新的增长点。早期的中国、日本、韩国、澳大利亚、新西兰、新加坡等国都热衷于最惠国待遇为基石的多边贸易自由化，现在也都开始积极地寻求双边和区域自由贸易区的建立。

一、中国参与区域贸易协定的实践

20世纪70年代，中国开始有选择地参与一些国际多边机制。改革开放以来，在和平与发展战略的指导下，积极参与多边国际合作，开展广泛的多边外交，共同参与全球公共问题的治理，已经构成中国外交最活跃的内容。但是，直到20世纪90年代中期，中国对于多边外交的立场仍然是反应型的——“双边优先，多边其次”。20世纪90年代中期以来，中国逐步地、更多地投入到了地区经济与安全合作的各种一体化协议中。在2001年12月11日正式加入世界贸易组织后，中国在坚持多边贸易体制的基础上，积极参与区域经济一体化，取得了明显的进展。2004 年以后，中国开始积极推动亚洲的地区主义合作，并且提出了相关的合作主张。另外，欢迎10+6即东盟加中国、日本、韩国、印度、澳大利亚、新西兰自贸区构想，以及《跨太平洋战略经济伙伴协定》构想等跨区域自贸区建设取得积极进展。截至2010年底，中国正在与27个国家和地区建设14个自贸区。其中，签署了10个自贸协定，分别是中国与东盟、新加坡、巴基斯坦、新西兰、智利、秘鲁、哥斯达黎加自贸协定，内地与香港、澳门的更紧密经贸关系安排，以及大陆与台湾的海峡两岸经济合作框架协议。

1. 中国参与区域贸易协定现状

中国已参加的区域贸易协定主要有以下11个：

表7-5　中国参加区域贸易协定一览表

区域贸易协定名称	区域贸易协定建设过程	具体内容
中国—东盟自由贸易区	2002年11月4日，中国与东盟签署了《中国—东盟全面经济合作框架协议》。2004年11月，双方签署《货物贸易协议》，并于2005年7月开始相互实施全面降税。2007年1月，双方又签署了《服务贸易协议》，已于当年7月顺利实施。2009年8月，签署了《投资协议》。中国—东盟自贸区在2010年1月1日全面建成。	货物贸易、服务贸易、双边投资
中国内地—香港CEPA	2003年6月29日内地与香港签订《关于建立更为紧密的经贸关系安排（CEPA）》协议，并于2004年1月1日实施。2004年、2005年、2006年、2007年、2008年又分别签署了《补充协议》、《补充协议二》、《补充协议三》、《补充协议四》、《补充协议五》。	货物贸易、服务贸易、贸易投资便利化
中国内地—澳门CEPA	2003年10月17日内地与澳门签订《关于建立更为紧密的经贸关系安排》（CEPA）协议，并于2004年1月1日实施。2004年、2005年、2006年、2007年、2008年又分别签署了《补充协议》、《补充协议二》、《补充协议三》、《补充协议四》、《补充协议五》。	货物贸易、服务贸易、贸易投资便利化
中国—智利自由贸易区	2005年11月18日，中智签署《中智自贸协定》，并于2006年10月1日正式实施。2008年4月13日《中智自贸协定关于服务贸易的补充协定》，2009年1月1日开始实施。	货物贸易、服务贸易
中国—巴基斯坦自由贸易区	2005年12月9日，中巴签署了《中巴早期收获协议》，2006年11月签署《中巴自由贸易协定》，并于2007年7月顺利实施；2008年10月双方签署《自贸协定补充议定书》。2009年2月21日签署了《中巴自贸区服务贸易协定》，2009年10月10日生效实施。	货物贸易、服务贸易、投资便利化

续表

区域贸易协定名称	区域贸易协定建设过程	具体内容
中国—新西兰自由贸易区	2008年4月7日，双方签署了《中新自由贸易协定》，并于2008年10月1日开始生效。	货物贸易、服务贸易、人员流动
中国—新加坡自由贸易区	2008年10月23日，中国与新加坡签订了《中新自由贸易协定》及《中新关于双边劳务合作的谅解备忘录》。新方承诺将在2009年1月1日取消全部自华进口产品关税;中方承诺将在2010年1月1日前对97.1%的自新进口产品实现零关税。	货物贸易、服务贸易、人员流动、海关程序
中国—秘鲁自由贸易区	2009年4月28日，中秘签署了《中国—秘鲁自由贸易协定》，2010年3月1日贸易协定正式实施。	货物贸易、服务贸易、投资、知识产权等
中国—哥斯达黎加自由贸易区	2010年4月8日，中国与哥斯达黎加在北京签署了《中国—哥斯达黎加自由贸易协定》，于2011年8月1日起正式生效。	货物贸易
中国内地—中国台湾自由贸易区	2010年6月29日，中国内地与中国台湾在重庆签订了《海峡两岸经济合作框架协议》(ECFA)，2010年9月12日，ECFA正式生效。	货物贸易、服务贸易、贸易投资便利化
亚太贸易协定（曼谷协定）	《曼谷协定》成立于1975年，现在成员国有中国、孟加拉国、印度、老挝、韩国和斯里兰卡。2001年5月23日，我国正式成为《曼谷协定》成员国，并于2002年1月1日执行《曼谷协定》优惠关税税单。2005年11月2日《曼谷协定》改名为《亚太贸易协定》。	货物贸易

资料来源：中国自由贸易区服务网：http://fta.mofcom.gov.cn。

另外，中国还与许多国家建立了广泛的自由贸易区。目前正在谈判的自由贸易区有6个，分别是：中国—海合会自由贸易区、中国—澳大利亚自由贸易区、中国—冰岛自由贸易区、中国—挪威自由贸易区、中国—南部非洲关税同盟和中国—瑞士自由贸易区。还有3个正在研究中的自由贸易区分别是：中国—印度自由贸易区、中国—韩国自由贸易区和中日韩自由贸易区。

2. 中国—东盟自由贸易区概况

中国与东盟自1991年开始对话进程。经过20年的共同努力，双方政治互信明显增强，经贸合作成效显著，其他领域合作不断拓展和深化。

政治上，2002年，中国与东盟国家签署《南海各方行为宣言》，就和平解决争议、共同维护地区稳定、开展南海合作达成共识。中国于2003年作为域外大国率先加入《东南亚友好合作条约》，与东盟建立了面向和平与繁荣的战略伙伴关系。双方建立了较为完善的对话合作机制，主要包括领导人会议、11个部长级会议机制和5个工作层对话合作机制。面对各种重大自然灾害和突发事件，中国与东盟真诚合作、共同应对。双方召开了非典型性肺炎特别峰会和防治禽流感特别会议，制定了一系列合作措施。2005年，中国为遭受印度洋地震海啸袭击的东盟国家提供了无私帮助。2006年是中国—东盟建立对话关系15周年，双方在广西南宁成功举办了中国—东盟纪念峰会。2011年是中国—东盟建立对话关系20周年和双方友好交流年，双方举行了一系列纪念和友好交流活动。经济上，2010年1月，中国—东盟自由贸易区全面建成。中国是东盟第一大贸易伙伴，东盟是中国第三大贸易伙伴。2010年，双方贸易总额达2928亿美元，同比增长26%。2011年1—9月，双方贸易额逾2600亿美元。中国—东盟博览会及商务与投资峰会自2004年起每年在广西南宁举行，已成为我国与东盟国家经济往来的重要平台。合作领域方面，双方确定了农业、信息产业、人力资源开发、相互投资、湄公河流域开发、交通、能源、文化、旅游、公共卫生和环保11大重点合作领域。在执法、青年交流、非传统安全等其他20多个领域也开展了广泛合作。在国际和地区事务上，中国与东盟的协调、配合进一步加强。中国始终支持东盟在东亚合作进程中发挥主导作用，双方共同推动东盟与中日韩合作、东亚峰会、东盟地区论坛、亚洲合作对话、亚太经合组织、亚欧会议、东亚—拉美合作论坛等区域和跨区域合作机制的健康发展。2010年10月，第13次中国—东盟领导人会议在印尼巴厘岛举行。会议通过了第二份《落实中国—东盟面向和平与繁荣的战略伙伴关系联合宣言的行动计划》。温家宝总理提出了未来5年中国—东盟双向贸易额达5000亿美元、双向人员往来1500万人次、10—15年内基本实现陆路互联互通、2020年双方互派留学生均达到10万人等一系列合作目标，获得东盟领导人的积极回应。①

中国广泛参与建设区域贸易协定，双边或多边贸易协定的模式比WTO机制更加灵活，更便于中国与其他多个国家的合作，实现互利共赢；更加有利于加强各国之间的经济联系，增进了解和互信，为中国经济发展创造更加有利的国际环境，从而帮助我们打开市场，加快制度改革、产业结构调整和升级，提高我国产业竞争力。

二、美国对中国参加东盟10+1的政策立场

中国与东盟的合作关系大致经历了四个阶段：②

第一阶段，中国与东盟国家从怀疑对抗转向对话。二战后初期，东亚处于资本主义国家和社会主义国家两极对抗格局下，“遏制共产主义在亚洲蔓延”成为美国对东南亚乃至整个东亚地区的主要策

① 资料来源：http://www.fmprc.gov.cn。

② 张蕴岭、沈铭辉：《东亚、亚太区域合作模式与利益博弈》，北京：经济管理出版社，2010年，第162页。

略。在此政策之下，中美关系呈敌对状态。1967年东盟成立后，由于受到美国宣扬的所谓“共产主义威胁”的影响，东盟成员国纷纷追随美国，实行反华排华政策，以此获得美国的军事“保护”。美国的反共产主义立场影响了东盟各国对我国产生排斥与怀疑，并支持东盟各国政府采取孤立我国的政策。

第二阶段，中国与东盟国家建立全面对话框架。20世纪70年代，东亚体系格局发生了重大的改变，中苏关系恶化，中美关系改善，东亚体系结构由两极对立转变为中美苏三角互动。70 年代后半期以来，中国改革开放成就了经济大发展，开始影响美国妄图全面主导东亚的战略地位。美国一方面在东南亚继续收缩力量，另一方面开始关注东南亚国家的人权状况。美国曾以停止军事援助为手段向泰国、菲律宾、印尼施加压力，以促进其人权状况的改善。这一做法引起了东盟国家的不满，特别是美国对越南入侵柬埔寨的冷淡反应，反而使东盟国家更多向中国靠近。

第三阶段，中国与东盟国家建立制度性合作框架，确立战略伙伴关系。90年代，东盟国家与中国建立起战略合作关系，共同反对危害地区和平与稳定的苏越霸权主义势力。随着综合国力的不断增强，中国在东亚体系结构变迁中的作用日渐突出，多方的合作关系也快速发展。1991年冷战结束后，中国与东南亚所有国家建交、复交或恢复正常关系。

1994 年，东盟发起亚太地区第一个也是唯一的政府间多边安全对话机制——东盟地区论坛（ARF），旨在减少对美国的依赖，中国加入了东盟主导建立的东盟地区论坛。东盟采取“大国平衡战略”，维持美国、中国两个大国在东南亚地区的力量平衡，创造了小国推动大国走向多边合作的政治模式。冷战以来，东盟在经济上对日本的依赖大于对中国的依赖；在安全上对美国的依赖也大于对中国的依赖。为了避免自己成为大国利益冲突的牺牲品，东盟国家虽然与美国进行了多种形式的军事合作，却对美国在东南亚地区的一些军事行动和倡议持明确的保留或反对态度。尽管美国在政治上和外交上支持东亚多边合作，但并没有认真地对待东亚多边合作框架。克林顿执政时期，提出“新太平洋共同体”的概念，并于1993年将亚太经合组织部长级会议提升为峰会。然而，除了政治上的支持外，美国没有给予东亚多边合作更多实质性的支持。而且，对于其他国家提出的多边安全合作倡议，美国的态度则要么是冷淡，要么是模棱两可。克林顿第二任期内，东亚发生了金融危机，很多国家受到冲击，而APEC却没有起到有效的协调和援助作用，这让很多国家对它的作用产生了怀疑。在这种情况下，美国没有向亚洲国家伸出援手，却仍然提出并推行“部门自愿提前自由化（EVSI）”政策，使东亚国家感到恐慌和恼怒。美国在APEC推行贸易自由化的目标没有得到东亚各国的支持，美国的热情因失望也有所减弱。美国不但是东盟国家的主要市场，而且是东盟国家外来投资和技术的主要来源地。然而，东盟国家对于美国在1997年亚洲危机期间的冷漠态度表示深刻不满，并一直心有余悸。正是这次危机使东盟国家充分意识到对欧美经济过分依赖的严重后果。1999年开始的“10 + 3”机制更多地集中在贸易和金融领域的合作。它力图推动东亚地区的经济一体化，减少各国以往对日本的依赖，而且把中国纳入进来，便于搭上中国经济发展的快车。[①]1998—2000年，中国与东盟10国分别签署了双边关系框架文件或发表了合作计划。

第四阶段，中国与东盟全面推进战略伙伴关系。进入21世纪，中国—东盟自由贸易区开始谈判进程，确立了面向和平与繁荣的伙

① 魏红霞：《东亚多边合作及其对中美关系的影响》，载《世界政治》，2008年第6期，第14页。

伴关系，设立中国驻东盟大使，在2009年金融危机时，向东盟提供100亿美元基础建设基金和150亿美元贷款等等。中国与东盟的合作有了更快的发展，使得美国倍感不安。这一时期，美国意识到全球经济发展重心的东移，需要重新重视东盟市场对美国经济保持良性发展的作用。2001年美国遭遇“9·11”恐怖袭击事件后，反恐一度成为美国最优先的对外战略目标，东南亚地区是国际恐怖主义活动的高发地区之一，自然成为美国全球反恐战略中的关键性区域。出于共同利益的需要，美国和东盟围绕反恐这一主题进行了深入的合作。布什政府为争取东盟国家给予美国地区反恐的更多配合，主动推行了一系列与东盟地区的经济合作政策，在极大地推动了该地区的贸易和投资自由化的同时，也对帮助东盟地区经济在金融危机后的重新振兴，起到了重要作用。待反恐“蜜月期”一过，美国与东盟在人权、民主等问题上的矛盾又重新凸现出来。更为引人注目的是，由于“偿付能力”不足，进入2005年后美国在东南亚的外交活动明显趋冷，[①]美国在东南亚的影响力日益减弱。与此同时，中国和东南亚国家之间的贸易呈现出迅速增长的态势，双方的贸易额稳步提升，2010年1月1日中国–东盟自由贸易区的正式启动更加增强了中国与东南亚国家的贸易往来，2010年中国—东盟双边贸易总额达到2927.76亿美元，同比增长37.5%，并提出力争到2015年将年双边贸易额提高至5000亿美元。目前从贸易额上看，美国、日本仍然是东盟的主要贸易伙伴，远远超出东盟与中国的贸易水平。但是中国对东盟出口的增多，加上区位优势明显，已经成为美国、日本、欧盟等国家和地区在东盟市场上强有力的竞争对手。

① See Sheldon W. Simon, "Southeast Asia and the U. S. Waron Terrorism", *National Bureau of Asian Research*, Vol.13, No.4, July 2002; George Baylon Radics, "Terrorism in Southeast Asia : Balikatan Exercises in the Philippines and the U.S. 'War against Terrorism'", *Stanford Journal of East Asian Affairs*, Vol.4, No.2, Summer 2004.

美国在东盟地区的实力和影响力都受到了来自中国的严峻的挑战。担心美国在东盟地区的利益受损，担心美国在东盟地区甚至是整个东亚地区的强势地位被崛起中的中国所撼动，布什政府积极调整对东盟区域经济合作的政策，试图遏制中国。美国“东盟贸易咨询理事会”2002年2月要求布什政府坚决阻止中国—东盟自由贸易区的建立，并要求美国政府尽快在5年内与东盟10国建立“美国—东盟自由贸易区”，与中国抗衡，维持其在东南亚地区的既得利益。尽管美国对东盟区域经济合作的政策有浓厚的针对中国的意图，试图通过加强与东盟的经济合作，来阻挡中国和东盟经济合作的发展，但实际上是很难实现其目的的。东盟总体上还是倾向于执行一种灵活的处理大国间关系的政策，不想在发展与大国关系，尤其是同中国和美国的关系时，陷入左右为难的境地。未免被排除在外，美国也开始全面推进与东盟的合作关系。2006年在APEC框架下提出亚太自贸区构想；2009年7月，希拉里率领庞大代表团出席在泰国曼谷召开的第16届“东盟地区论坛”，签署了《东南亚友好合作条约》；2010年9月在纽约举办了美国—东盟峰会。奥巴马政府上任以来，新政府更加重视亚太在美国全球战略中的地位和作用，更强调美国作为“亚太国家”的定位，全面发展美国—东盟关系，缓和、低调、务实，强调对话协商与合作。2010年1月1日，中国—东盟自由贸易区（China-ASEAN Free Trade Area—CAFTA）正式建成。面积1300万平方公里，人口19亿，国内生产总值近6万亿美元，贸易总量4.5万亿美元，是目前世界人口最多的自由贸易区。中国—东盟合作关系不仅实质性推进了东亚合作进程，也成为中国—东盟自由贸易区（10+X）结构的最大动力。

由以上中国与东盟合作关系的四个阶段，我们可以明显看出，美国的东亚政策，特别是针对中国的政策，对中国与东盟关系每一步的发展都产生了重要的影响。首先，中美关系的好坏对中国与东盟关系有着直接影响。作为美国冷战时期的盟友，东盟国家在中美关系处于冲突状态时，与中国的关系也处在对立状态。而当中美关系出现改善时，东盟对华关系也出现好转。可以说中美关系正常化是东盟国家与中国发展友好关系的一个平台。其次，美国的东亚政策对中国与东盟关系的影响极大。由于各种原因，东盟国家将自身的安全和经济发展更多地寄希望于美国，而当美国的东亚政策不能满足东盟的需求时，东盟国家便开始谋求与本地区其他大国发展关系，以保证安全和寻求经济上的发展机会。从这个角度来说，美国因素是刺激中国—东盟关系发展的一个有利因素。[①]实际上，美国对东亚多边合作的参与一直处于一种矛盾状态：一方面，不想被排除在东亚多边合作或东亚一体化进程之外，而希望在经济和贸易方面确保一个对美国开放的东亚市场；另一方面，美国不希望看到任何一种多边合作的方式取代其现有的双边同盟安全框架而削弱自身在东亚地区已经建立的影响力。鉴于这种矛盾心理，美国在东亚区域合作问题表现出忽冷忽热的态度也就不足为奇了。

确保周边安全环境，维持东亚的稳定和经济增长，通过地区制度化合作构建战略依托地带，最终实现中华民族的伟大复兴是中国在东亚的主要战略目标。随着东亚相互依赖的加深，中国开始积极促动东亚一体化的发展。而在美国的战略布局中，确保在东亚的主导权是首要目标，中国的崛起和在东亚的影响力日益增加显然对美国的东亚战略产生了重大的挑战，中国与东亚国家推动一体化，即使是在浅层面的经济合作和自由贸易区建设，也是美国所不愿意看到的。然而，美国依然面临恐怖主义和非传统安全威胁，需要中国

① 韦红：《美国因素对中国与东盟关系的影响》，载《南洋问题研究》，2006年第1期，第12页。

的合作，中国的改革开放继续深化美国也从中获益，这才有了美国在东亚地区与中国既经济接触又战略遏制的政策组合。我们不可否认两国在东亚未来目标与利益的冲突性，但我们更期望的是两国之间出现良性竞争。中国的崛起带动了东亚经济的发展，推动了东亚的战略竞争，也促进了东亚地区的深入合作。目前，东亚国家之间的经济合作开始走上地区制度化建设的轨道，而中国在其中发挥的积极作用给本国带来了更广阔、更深远的战略空间。在这样的发展势态之下，避免中美冲突符合所有东亚国家的利益，也符合美国的利益。[①]

从以上看来，美国因素既可能是制约中国—东盟关系发展的负面因素，也可能因此成为促进中国—东盟关系发展的积极动力。中国应该积极支持东盟及东亚的一体化进程，增强东盟独立自主能力，这样可有效避免东盟国家因过分依赖美国而给中国—东盟关系带来的负面影响。这就要求中国在扩展自己的东南亚地区的活动空间时，不以美国为竞争对手而对其加以排斥，而是与美国谋求合作，保持地区稳定和繁荣，实现共赢。区域贸易协定的缔结是为了寻求更大市场准入，这种更大市场的准入在区域或双边水平上比较容易建构，能提高各协定国的经济利益和福利水平，同时，也是各国维护自身和所在区域安全的需要。从战略角度，中国积极倡导与东盟建立自由贸易区，提出多极世界和多边主义观以稀释美国在全球和区域事务中实行的单边主义政策。对中国来说，多边主义和合作能帮助我们建立地缘政治联盟，从而争取使我们的全球战略和地区政策得到更多国家和更大范围的支持，而区域贸易协定是其重要法律形式，也将会是促进亚洲和平与发展的重要途径。

① 胡鞍钢、门洪华：《中国：东亚一体化新战略》，北京：人民出版社，2005年，第112-113页。

结语 2011年美国对华经贸政策的变化、特点及应对策略

一、2011年中美经贸关系事略

2011年中美在经济贸易领域经历了很多事件，简略来讲，可以分为以下几个方面。

（一）汇率之争。中美汇率之争是2011年中美之间经贸关系的焦点。美国由于其内部经济增长乏力，失业高企，民怨难以舒缓，屡屡通过逼迫人民升值，一个方面希望到达改善贸易收支的目的，另一个方面是以此搪塞国内民意。为达到此目的，美国一方面不断通过提出议案，威胁把中国列入操控汇率的国家，为经济制裁制造借口，另一方面联合欧洲，甚至亚洲等国家，在国际上形成对人民币升值的压力。在美国的压力下，2011年人民币升值4.68%，接近5%的预期（中间人民币10天连贬，投机苗头显现）。在人民币"按照美国意愿"不断升值的情况下，美国没有把中国列入操控汇率国家，但也没有达到改善其贸易收支的目的。但是，人民币升值对中国造成了重大影响。一方面中国出口形势在2011年下半年急转直下，另一方面沿海外贸企业普遍遭遇困境。预计2012年人民币不仅有升值的压力，也有投机性贬值的风险，对中国的外贸不确定性影响更大。

（二）美国债务问题。2011年美国政府债务危机频现。2011年8月美国提高了债务上限，年底又通过1万亿美元的临时拨款，保证美国政府部门正常运转到2012年总统选举结束。美国债务频频突破上限，显示美国和欧洲一样，存在巨大风险。如果美国经济形势不能根本好转，偿债能力不能根本改善，美国爆发债务危机的可能

性不是没有。美国债务危机是一个结构性问题，难以通过短期方式解决。这一问题逼迫美国通过经济结构的调整来避免债务危机最终爆发。美国进行结构调整就是两个方向：一个是重回制造业，一个是为华尔街“降级”——去杠杆化。两个措施都会对中国经济的短期（出口受阻）和长期（扩大内需）造成影响。另一方面，中国外汇储备对美国国债有刚性依赖，短期难以调整，美国债务潜在的危机对中国外汇投资也造成风险。2012年美国债务问题或不断复现。

（三）中美贸易。伴随汇率问题，中美贸易争端贯穿2011年。美国从两个方面压迫中国：一个是汇率，另一个是贸易。贸易方面不断通过反倾销、绿色壁垒和技术壁垒对中国产品进行一轮又一轮的围追堵截。贸易问题比汇率问题更加复杂，也更加具有“互害”性。汇率升值对中国利弊相依，但是，贸易制裁的后果是单一的，只有坏处，没有好处，而且，贸易制裁的结果就是引发反制裁——这就是贸易战。中美小规模、有节制的贸易战虽然没有引发全面冲突，但是在中国互信关系弱化的背景下存在很大风险。目前，中美经济处于“恶性互补”阶段，贸易冲突如果导致不计后果的互相制裁，对于中美两国的经济发展都是灾难性的。2012年世界经济弱势发展的格局估计持续，中美贸易争端预计也会继续。

（四）国际金融体系。2011年中美之间的另一个焦点问题是国际货币体系的争论。美元虽然危机四伏，但仍然一“元”独大，国家货币体系中美国占主导地位的格局仍然如故。2011年中国等发展中国家争取在国际金融体系中更大的话语权。欧美国家出于拯救自身危机的需要，对中国等发展中国家做了让步，中国在国际货币基金组织中的发言权也得到了相应的扩大。同时，通过双边和多边努力，人民币在国际贸易中的结算货币地位正在树立。但是，总体来说，世界金融体系，以欧美为主导的格局没有变化，中国等发展中国家地位仍然有进一步提升的空间。但是，对于中国来说，在国际金融体系中的扩充权力与遭遇风险是一个问题的两个方面。人民币国际化意味着铸币税，也意味着国内金融体系毫无遮拦地暴露在国际冲击之下。2012年如果美国经济继续弱势，美国在国际货币体系中会仍处守势，但中国的当务之急是改善国内金融结构。

二、2011年美国对华经贸政策的变化

美国对华经贸政策2011年呈现诸多特点。这些特点有些是一以贯之的特点，另一些是新的变化。这些新变化主要体现在下面：

（一）更加严厉。不论在汇率方面，还是在贸易方面，抑或在其他诸如政治领域，美国对中国的态度都变得更加严厉。这个变化一方面是源于美国经济长期低迷，国内民怨持续，对奥巴马连任造成巨大压力，另一方面是中国全方位的“崛起”让美国深感不安。美国对华经贸政策更加严厉体现在：第一，不断提出议案。比如，关于人民币汇率的议案和外贸诉讼的案件一个接着一个，没有间断。第二，直接诉诸法律和政治行动。一边是谈判和研讨，一边就是直接的政治行动和法律行动（向世贸组织申诉）。第三，联合外围，形成围堵之势。这是2011年最具特色的变化，最大限度地形成国际性的联合压力。

（二）更加刚性。过去一年，由于美国自身经济问题没有退路，而且没有迅速解决问题的国内方案，欧洲自顾不暇，无法援手，在这种情况下，美国的对华政策变得更加刚性。比如，美国本身也知道人民币汇率不能解决美国的贸易逆差，更无法解决美国的失业问题，但是，一味揪住这个问题不放，而且采取的措施无所不用其极（一方面投放货币，另一方面逼迫升值）。在贸易问题上美国也是利用各种手段，不惜中国的外贸行业整体垮塌，就是一个目标：迫使

中国增加进口，减少出口。

（三）更加长期。美国的贸易不平衡问题不是一个短期问题，而是美国经济的深层矛盾（空壳化、虚拟化、福利化等）决定的，不可能通过短期方案得到一劳永逸的解决，必须通过长期的结构调整来解决。2011年美国对华经贸政策有短期目标，但是也注重长期目标。比如，它的货币政策和外贸政策也在为美国长期的经济结构的调整争取空间。也就是说，中美贸易之争、汇率之争、国际货币体系之争，不仅仅是暂时现象，而是今后长时段内的常态。

（四）结构性调整。2008年次贷危机之后，美国经济进入衰退期，至今没有复苏，美国朝野反思，经过两年的反思，美国被迫认识到这是美国模式的危机。因此，自2010年和2011年开始美国经济政策出现结构性调整的迹象，比如，出口倍增计划、振兴制造业计划、华尔街“去杠杆化”行动，等等。这种调整的目的就是减少对中国的依赖（美国老百姓对中国制造的依赖和华尔街对中国外汇储备的依赖），防止中国因素造成的经济风险。

三、2011年美国对华经贸政策的特点

由于国际局势发生巨变，欧美经济陷入困局，2011年美国对华经贸政策呈现诸多耐人寻味的特点，概括起来有如下几点：

（一）不断升级。汇率问题和贸易问题仍然是2011年中美争论的焦点。在这两个方面美国对中国的政策不断升级，层层加码。从数量上看，2011年美国对华企业的反倾销诉讼没有增加，但是涉案规模在增加。更重要的是汇率问题。自2010年6月开始人民币重新开始升值，2011年人民币继续升值，在这种背景下，美国仍然采取密集的行动，迫使人民币升值，而且在12月人民币出现贬值风险的情况下仍然提出中国汇率操控的问题，大有置人死地的情势（鉴于人

民币汇率的走势，美国财政部12月27日的报告否认了中国操作汇率)。

（二）全方位冲突。2011年美国对华经贸关系呈现全方位冲突的局面。不但汇率问题和贸易问题争论激烈，在知识产权、政府补贴、在华投资，甚至企业社会责任等方面也爆发冲突。这种全方位冲突爆发的原因与奥巴马政府国内处境有关，也与中国经济在世界经济困局的情况下仍然“崛起”引发美国朝野不安有关。进一步讲，这种情况是美国经济在危机中的“过激反应”，也是美国必须进行长期的、结构性调整的前奏。但是，这种全面冲突也使同样存在结构性危机的中国自身调整的空间逼仄。

（三）形成围堵之势。2011年在经贸（包括政治和军事）关系方面，特别是汇率和出口方面，美国联合欧洲，以及亚洲一些国家对中国形成围堵之势。目前的格局是世界需要中国，但是同时世界担心中国，而经贸方面的围堵只是问题的表象。2011年欧美经济危机持续，亚洲国家与中国频频爆发领土和资源争端，加上中国的迅速发展让利益相关方面感到不安，美国借此联合各方，形成对中国的合围之势，在此中间，经贸围堵不是原因，而是一个附带的结果。

四、中国政府及企业应对美国经贸政策变化的策略分析

中美经济高度依存，仅中国一方对美出口占到整个出口额的20%。美国经贸政策变化对中国影响可见一斑。针对美国对华经贸政策的调整，中国方面应该从短期和长远两个方面出发，调整自己的经贸政策，以应对“美国之变”可能发生的不利影响。总括起来有以下几条：

（一）建立多元化出口格局。尽快建立“去美国化”的出口布局，减少对美国市场的依赖。具体的措施就是根据国际区域经济发展的

梯度结构，把一部分边缘生产能力和出口市场转向落后国家和地区，把一部分中档生产能力和出口市场转向新兴市场国家和地区，把一部分高档生产能力和出口市场转向欧洲等发达国家。为此，政府要建立信息、法律、行政服务体系，为出口企业尽快适应不同文化、不同体制、不同法律下的市场环境创造有利条件。

（二）向内需型经济模式转型。减少美国依赖，最根本的是向内需型经济模式转型。这是中国模式脱离美国模式的前提，也是中国应对“美国之变”能够独善其身的关键。扩大内需从短期看，从供给的方面看，就是让外贸企业开拓国内市场，从需求的方面看，就是提高劳动者的保障水平以及收入水平，把潜藏的需求释放出来。从长远看，要解决收入分配机制的深层问题。比如，利益集团的问题、国企过度垄断的问题以及政府公权干预经济的问题等。

（三）政府主导，深化市场运作模式，改善中小外贸企业公共服务平台。中美汇率之争和贸易之争，受影响最大的是中小外贸企业，而中小外贸企业在数量上和吸纳就业上又在整体经济中占主导地位。鉴于中小企业的经济地位以及目前面对的特殊的经营困境，建议政府通过整合已有的中小企业服务体系，通过深化市场化改革，形成延伸至国际市场各个角落的中小外贸企业服务体系。需要特别指出的是，缺乏民间融资渠道是中小企业（包括中小外贸企业）整体融资环境差，企业发展扩张成本高、效率低、国际竞争力差的主要原因，因此，在建立政府服务平台，改善企业经营环境时，特别要积极扶持草根银行并鼓励多种形式的投融资工具发展，通过改善金融生态解决广东中小企业的融资困难。

（四）推进自主创新型的高科技发展，警惕“创新陷阱”。自主科技创新是增强企业竞争力，应对诸如美国经贸政策变化的根本途径，要在战略上积极推进自主创新的高科技发展。但是，自主性高科技创新风险巨大，而且需要一个包括VC（风险投资）、PE（私募基金）和完善的资本市场在内的外部体系来支持。从战术上讲，单个企业，或者单个行业难以独立承担和承受自主创新的高成本和高风险。自主知识产权的高科技应该是国家发展战略的一部分，要在国家政策和资金的扶持下由科研单位和企业共同参与完成。自主知识产权为目标的高科技产业升级，存在一个“创新陷阱”，也就是创新失败的风险，因此，国家应该通过整体筹划分散风险。

（五）向资本输出型转变。这是和国家外汇制度改革相联系的一项措施，即：在国家改革外汇制度（还汇于民），推进人民币国际化的前提下（人民币升值和欧美危机为人民币国际化提供了机遇），变“外汇输出”（购买美国债券）为“资本输出”（购买美国股权）。如此一方面通过“民间经营”提高外汇使用效率，减轻央行压力，改变外汇资产被美国国债绑定的困难局面，另一方面外汇资产投资实业能够降低市场投机因素的短期冲击，有利于长期保值增值。资本输出型的另一方面就是加快中国企业海外投资步伐，对冲人民币汇率升值的不利影响。

五、广东应对美国经贸政策变化的策略分析

中国外向型经济发展模式与美国高度依存，广东尤甚。广东外贸进口额占全国总额近30%，仅出口依存度就超过60%。美国是广东除香港之外的第一大贸易伙伴，对美出口占出口总值的15%左右（如果计入香港转口贸易，估计可达30%），因此，美国对华经贸政策动向对广东经济的影响数倍于对中国经济的整体影响。应对“美国之变”，广东除了采取和全国一样的对策措施外，应该针对广东特点，采取如下措施：

（一）改善出口产品结构。广东对美贸易品多为服装、玩具、小

家电等日常生活用品，需求弹性大，可替代性强，很容易被美国重回制造业的政策挤出市场。广东要尽快提高对美出口的高技术含量产品比重，增加需求刚性，减少可替代性。高技术含量产品并非完全指具有核心技术和独特功能等的“硬科技”产品，它还包括商业品牌、新颖创意、新型制造工艺，甚至独特文化内涵在内的“软科技”因素。增加对美“软科技”产品出口应该是广东短期内努力的目标。

（二）重新定位与美国的产业对接关系。广东正在大力发展现代服务业和服务外包业，这不仅仅是一个产业扩展模式，而且是产业升级模式，因为一些服务外包（比如通过连锁经营）明显是产融结合，是把生产型服务业发展成为与金融业整合的经营模式的一个“质变”。美国是现代服务业和服务外贸的重要来源地，应该组织研究，制定政策措施，借助美国产业转型对现代服务业和服务外包业的需求，鼓励发展以美国产业转型为对象的上述产业。这样做一个方面可以重新确定广东经济模式和美国经济模式的互补和对接，另一个方面亦可通过服务贸易出口，改善广东对美贸易结构，提升广东对美贸易的品质。

（三）加快推进广东产业升级。产业升级是中国，也是广东应对“美国之变”的重要措施。经过近十年的摸索和酝酿，广东产业转型已经启动。但是，广东企业（包括外贸企业）长期低端固化，升级失败的风险较大。为此，广东应该采取产业内升级的步骤。即：不抛弃原来的低端制造业，而是集中力量，在低端制造业内通过品牌培育、管理升级和工艺革新，提高传统制造业的附加值，低成本、低风险地把传统制造业升级到内含软性和硬性技术创新的新型制造业，从而从根本上提高广东外贸企业的生产力，提升广东外贸企业的国际竞争力。

（四）鼓励外贸企业建立“民间性”的行业组织，增加自我保护和议价能力。汇率升值和贸易之争压缩外贸企业的利润空间，而外贸企业之间的恶性竞争更使外贸企业雪上加霜。外贸企业没有“凝聚力”，关键原因是缺乏一个好的“组织形式”，把它们联合起来。历史的实践证明，自治性的“民间”行业组织由于内部协调成本较低，容易形成对外的集体一致行动。广东应该在体制上创造条件，鼓励成立具有自治性、民间性的行会组织，使分散、孤立的中小外贸企业形成凝聚力，扭转广东外贸行业长期以来“窝里斗”的局面。

参考文献

中文文献

1. 边红彪，崔路，马南. 美国第583号TBT通报对我国的影响分析［J］. WTO经济导刊，2011(3).

2. ［美］查尔斯·P. 金德尔伯格著，宋承先，洪文达译. 1929—1939年世界经济萧条. 上海译文出版社，1986.

3. 陈继勇，雷欣，黄开琢. 知识溢出、自主创新能力与外商直接投资［J］. 管理世界，2010(7).

4. 陈漓高，齐俊妍，张燕. 国际经济组织概论［M］. 首都经济贸易大学出版社，2010.

5. 陈闻达，张嫣竹. 浅析金融危机下中国企业的战略扩张［J］. 中国商贸，2011(11).

6. 丁莉娅. 我国与世界银行合作将进入新阶段［N］. 中国财经报，2011-02-17.

7. 杜强. 福建外贸应对绿色贸易壁垒研究［J］. 亚太经济，2010(2).

8. 冯海燕. 技术性贸易壁垒对中国食品对外贸易的影响［J］. China's Foreign Trade，2010(14).

9. 郭宏宇. 美国债务上限谈判：传统、背景及影响［J］. 银行家，2011(9).

10. 胡鞍钢，门洪华. 中国：东亚一体化新战略［M］. 人民出版社，2005.

11. 何曼青，马仁真. 世界银行集团［M］. 社会科学文献出版社，2011.

12. 郝雨凡，张燕冬. 无形的手——与美国中国问题专家点评中美关系. 北京：新华出版社，2000.

13. 黄志雄. 战后多边贸易体制六十年的反思与前瞻[J]. 法学评论，2009(1).

14. 姜茜，李荣林. 人民币汇率对中美双边贸易的影响——基于多边汇率与双边汇率的研究[J]. 世界经济研究，2010(3).

15. 金灿荣. 美国对外政策的国内政治背景. 世界知识，1997(18).

16. 吉小雨. 美国对外直接投资的利益保护——从双边协定到海外私人投资公司[J]. 世界经济与政治论坛，2011(2).

17. [美]肯尼斯·华尔兹著，胡少华，王红缨译. 国际政治理论. 北京：中国人民公安大学出版社，1992.

18. 凯瑟琳·考菲尔德. 世界银行幻想大师 [M]. 江苏人民出版社，1998.

19. 罗安格. 人民币汇率真的被低估了吗——中美汇率贸易战之浅析[J],China's Foreign Trade，2011(20).

20. 李本. 国际货币基金组织份额制改革与中国的进路分析 [J], 法学论坛，2010(2).

21. [美]罗伯特·达尔著，王沪宁，陈峰译. 现代政治分析. 上海译文出版社，1987.

22. 刘晨阳. APE二十年——成就、挑战、未来[M]. 南开大学出版社，2010.

23. 李稻葵，尹兴中. 国际货币体系新架构:后金融危机时代的研究[J]. 金融研究，2010(2).

24. 刘洪，张莫，肖莹莹. 话语权体系改革开了好头路还长远[N]. 经济参考报，2010-04-27.

25. [美]罗杰·希尔斯曼，劳拉·高克伦，帕特里夏·A. 魏茨曼著，曹大鹏译. 防务与外交决策中的政治——概念模式与官僚政治. 北京：商务印书馆，2000.

26. 刘丽娜，刘洪. 透视奥巴马政府近期贸易政策[EB]. http://news.xinhuanet. com/fortune/2010-04/05/c_1217899. htm，2010-4-5.

27. 刘明亮，赵海斌，南开大学APEC 研究中心. APEC经济技术的进展和中国的对策选择 [J]. 对外经贸实务，2010(10).

28. 李文韬. 美国推进亚太自由贸易区战略构想的政治经济分析[J]. 亚太经济，2009(1).

29. 刘欣. 绿色贸易壁垒对我国外贸的影响与对策[J]. 中国商贸，2011(3).

30. 刘学成. 奥巴马政府的外交框架与对华政策走势[J]. 国际问题研究，2009(2).

31. 李伊琳. 中国企业首赢反补贴反倾销合并调查[N]. 21世纪经济报道，2007-8-13(8).

32. 蓝裕平. 对中国公司在美屡受集体诉讼的思考[J]. 国际融资，2010(11).

33. 李一文，马凤书. 当代国际组织与国际关系[M]. 天津人民出版社，2002.

34. 门洪华. 金融危机与美元霸权的变迁. 理论视野，2009(1).

35. 孟夏. 中国参与APEC合作问题研究[M]. 南开大学出版社，2010.

36. 苗迎春. 中美经贸摩擦研究 [M]. 武汉大学出版社，2009.

37. 孙露晞，黄楠. 汇率是否是决定中美贸易差额的主要因素——基于中美产业结构差异的实证分析 [J]. 经济科学，2011(5).

38. 施用海. 低碳经济对国际贸易发展的影响[J]. 国际经贸探索，2011(2).

39. 屠新泉. 中国加入WTO以来的美国对华贸易政策[J]. 世界经济研究，2007(11).

40. 唐晓云. 美国单边贸易政策和中国贸易收益的风险[J]. 世界经济与政治论坛，2006(6).

41. 唐宜红，唐若韬. 美国对华反补贴的焦点问题与我国的对策[J]. 国际贸易，2010(5).

42. 韦红. 美国因素对中国与东盟关系的影响[M]. 南阳问题研究，2006(1).

43. 魏红霞. 东亚多边合作及其对中美关系的影响[M]. 世界政治，2008(6).

44. 王俊. 从制度设想到贸易政策:美国碳关税蜕变之路障碍分析[J]. 世界经济与政治，2011(1).

45. 王江，郗鹤. 美国对华反补贴、反倾销措施的重要补充[J]. 中国市场，2011(9).

46. 吴琨. 中美碳关税的博弈分析[J]. 商业经济，2011(4).

47. 王巧荣. APEC与中美关系[D]. 中共中央党校博士论文，2003.

48. 王嵎生. 亲历APEC：一个中国高官的体察[M]. 世界知识出版社，2000.

49. 王逸舟. 磨合中的构建：中国与国际组织关系的多角度透视[M]. 中国发展出版社，2003.

50. 王正毅、张延贵. 国际政治经济学——理论范式与现实经验研究. 北京：商务印书馆，2003.

51. 徐立芳. 美国对华贸易政策的政治经济分析[M]. 上海师范大学硕士论文，2009.

52. 徐睿. 遏制与崛起[M]. 中山大学出版社，2009.

53. 夏先良. 碳关税、低碳经济和中美贸易再平衡[J]. 国际贸易，

2009(11).

54. 徐琤. 从债权国到债务国——美国国际债务模式转变的逻辑分析[J]. 世界经济研究，2011(10).

55. 喻常森. 亚太地区合作的理论与实践[M]. 中国社会科学出版社，2004.

56. 杨建. 美对华贸易保护势头不减 经贸关系或呈新动向[EB]. http://www.xinhua08.com/opinion/08gd/201102/t20110213_293131.html，2011-2-13.

57. 杨全发，陈平. 外商直接投资对中国出口贸易的作用分析[J]. 管理世界，2005(5).

58. 杨荣珍. 国外对华反补贴现状及中国补贴政策分析[J]. 国际经贸探索，2011(3).

59. 于永达. 国际间接投资超前发展论析[J]. 世界经济，2000(6).

60. 张建清. 战后外国对美国直接投资发展的特点[J]. 经济评论，1993(5).

61. 张建新. 奥巴马政府对华贸易政策走向[J]. 世界经济与政治论坛，2009(3).

62. 左海聪. 国际经济法[M]. 武汉大学出版社，2010.

63. 张清敏. 美国对台军售政策研究：决策的视角. 世界知识出版社，2006.

64. 朱姝. 六成中国概念股遭冷处理国内企业海外上市应理性[J]. IT时代周刊，2010(8).

65. 赵旭. 金融危机后海外并购的风险[J]. 经济导刊，2010(8).

66. 张蕴岭，沈铭辉. 东亚、亚太区域合作模式与利益博弈[M]. 经济管理出版社，2010.

英文文献

1. Adam Segal, Ira A. Lipman. Chinese Technology Policy and American Innovation. http://www. cfr. org/china/chinese-technology-policy-american-innovation/p25295.

2. Arthur R. Kroeber. The Renminbi: The Political Economy of a Currency. Sept. 7, 2011, http://www. brookings. edu/papers/2011/0907_renminbi_kroeber. aspx.

3. Bonnie S. Glaser. A Shifting Balance: Chinese Assessments Of U. S. Power. June 17, 2011, http://csis. org/publication/shifting-balance-chinese-assessments-us-power.

4. Bruce Klingner. The Expanding U. S. —Korean Alliance: Protecting freedom and Democracy in Asia. Nov. 12, 2011, http://www. heritage. org/research/testimony/2011/11/the-expanding-us-korea-alliance.

5. Charles Freeman, Wen Jinyuan. China's Exchange Rate Politics. June 16, 2011, http://csis. org/publication/chinas-exchange-rate-politics.

6. Charles Freeman, Wen Jinyuan. China's Investment in the United States. Nov. 8, 2011, http://csis. org/publication/chinas-investment-united-states.

7. David Shambaugh. Coping with a Conflicted China. http://twq. com/11winter/docs/11winter_Shambaugh. pdf

8. David S. Abraham. China's Bold New Plan for Economic Domination. http://www. cfr. org/china/chinas-bold-new-plan-economic-domination/p25028.

9. Derek Scissors. The Facts about China's Cirrency, Chinese Subsidies and American jobs. Oct. 4, 2011, http://www. heritage. org/research/

reports/2011/10/the-facts-about-chinas-currency-chinese-subsidies-and-american-jobs.

10. Derek Scissors. More Important Than the Yuan: Opening China's Capital Account. Feb. 9， 2011， http://www. heritage. org/research/reports/2011/02/more-important-than-the-yuan-opening-chinas-capital-account.
11. Dilip K. Das: the Asia-pacific Economy. Lpswich Book Co. Ltd., Lpswich, Suffolk， 1996.
12. Eswar Prasad. Rebalancing the U. S. -China Relationship. http://www. brookings. edu/opinions/2011/0113_us_china_prasad. aspx?sc_lang=zh-CN
13. Evan A. Feigenbaum. Who Will Win as China's Economy Changes? http://www. cfr. org/china/win-chinas-economy-changes/p25531
14. Graham T. Allison. "Conceptual Models and the Cuban Missile Crisis", *The American Political Science Review*, September 1969. Graham T. Allison, Essence of Decision,(New York: Harper Collins Publishers， 1971.
15. Jaime Daremblum. The Chinese Dragon Sweeps Through Latin America. http://www. hudson. org/index. cfm? fuseaction=publication_list&tag=China&pubType=Archives.
16. John Lee. A Strong Yuan, Careful what you wish for. Bloomberg Business week. Oct. 6， 2011.
17. John Lee. China's False Promise. Wall Street Journal Asia, Sept. 12, 2011. Martin Neil Baily. Adjusting to China: A Challenge to the U. S. Manufacturing Sector. http://www. brookings. edu/papers/2011/01_china_challenge_baily. aspx.

18. John lee. China's State-Owned Billionaires. Washington Times, Sept. 22, 2011.

19. Joshua Meltzer. The U. S. Trade Deficit, China and the Need to Rebalance Growth. http://www. brookings. edu.

20. Lisa Curtis, Walter Lohman, Rory Medcalf, Lydia Powell, Rajeswari Pillai Rajagopalan, Ph. D. and Andrew Shearer. Shared Goals, Converging Interests: A Plan for U. S. –Australia–India Cooperation in the Indo–Pacific. Nov. 3, 2011, http://www. heritage. org/research/reports/2011/11/shared-goals-converging-interests-a-plan-for-u-s-australia-india-cooperation-in-the-indo-pacific.

21. Matthew J. Slaughter. China Patents and U. S. Jobs. http://www. cfr. org/intellectual-property/china-patents-us-jobs/p25208.

22. Message from the President of the United States: authorizing the President to terminate application o f Title IV of the Trade Act of 1974 to the People's Republic of China and extended permanent normal trade relations treatment to products from China, 106th Congress; 2d Session, House Doc. 106- 207, March 8, 2000.

23. Michael Cheah and Sean Daly. China Needs a Stronger Yuan. http://www. worldpolicy. org/blog/2011/06/14/china-needs-stronger-yuan.

24. Oxley, A. (2005). "Reform of APEC", paper presented in APEC Study Center Consortium Conference, APEC Secretariat, Singapore.

25. Richard Weitz. Nervous Neighbors: China Finds a Sphere of Influence. http://www. hudson. org/index. cfm?fuseaction=publication_list&tag=China&pubType=Archives

26. Sheldon W. Simon. "Southeast Asia and the U. S. Waron Terrorism". National Bureau of Asian Research, Vol. 13, No. 4, July 2002; George

Baylon Radics, "Terrorism in Southeast Asia : Balikatan Exercises in the Philippines and the U. S. 'War against Terrorism'", Stanford Journal of East Asian Affairs, Vol. 4, No. 2, Summer 2004.

27. Steven Dunaway. U. S. —China Exchange Rate Thicket. http://www.cfr. org/china/us-china-exchange-rate-thicket/p23822.

28. Walter Lohman. Follow Through on Obama's Successful Asia Swing Critical. Nov. 23, 2011, http://www. heritage. org/research/reports/2011/11/follow-through-on-obamas-successful-asia-swing-critical.

参考网站

1. 白宫新闻秘书办公室：http://www. whitehouse. gov/the-press-office/2011/05/09/.

2. 美国财政部网站：http://www. treasury. gov/resource-center/data-chart-center/tic/Documents/mfh. txt.

3. 斯德哥尔摩国际和平研究所：http://milexdata. sipri. org/.

4. 世界银行数据库：http://data. worldbank. org. cn/indicator/NY. GDP. MKTP. CD/countries/1W?display=graph.

5. 世界银行数据库：http://data. worldbank. org. cn/indicator/NY. GDP. MKTP. KD. ZG/countries?display=graph.

6. 世界贸易组织网站：http://www. wto. org/english/tratop_e/dda_e/dda_e. htm.

7. 美国国际贸易委员会：http://www. trade. gov/mas/ian/tradeagreements/multilateral/index. asp.

8. 美国贸易代表办公室：http://www. ustr. gov/countries-regions/china.

9. 美国副总统办公室：http://www. whitehouse. gov/the-press-office/2011/05/09/.

10. 美国国际信息局（IIP）：http://www. america. gov/st/business-chinese/2010/March/20100304152812abretnuh0. 4048382. html.

11. 美国商务部网站：http://www. commerce. gov/news/press-releases/2010/08/26/obama-administration-strengthens-enforcement-us-trade-laws-support-pr.

12. 中国商务部网站：http: / /www. mofcom. gov. cn.

后 记

本书是广东国际战略研究院诸多同仁集体研究的成果。本书历经一年的准备，经过五次修改，最终完成。

在本书出版之际，容我代表课题组向广东外语外贸大学党委书记、广东国际战略研究院常务副院长隋广军教授表达最真诚的感谢。隋广军书记从宏观高度对我们的研究团队进行了精心指导，为我们的研究明确了方向。广东国际战略研究院秘书长李青教授为我们的研究选题给予了诸多启发性的具体建议，同时提供了很多后勤支持。没有她的辛劳，我们的研究报告不可能顺利出炉。当然要感谢本书所有作者和参与者的辛勤劳动，从最初构思到最终成稿，许多学者奉献了自己的智慧。除了撰稿者外，广东外语外贸大学《国际经贸探索》主编肖鹞飞教授和美国乔治·华盛顿大学Dennis W. Johnson教授为报告的写作提出了宝贵意见。广东国际战略研究院副秘书长刘继森教授不但为本书撰稿，还提供了许多后勤和外联服务，事无巨细，有条不紊。还要感谢广东国际战略研究院各位工作人员提供的各种支持。最后要感谢世界图书出版广东有限公司各位同仁兢兢业业的工作态度，他们的仔细校对和认真打磨，去除了书中的文字和格式中的粗糙部分。

我们的期待是：本书能为学术界和决策层提供一种声音。衷心希望读者在阅读后，不吝赐教，提出建议和思考，我们会认真接纳。

唐小松

2012年5月